中华人民共和国行业推荐性标准

公路桥梁抗震设计规范

Specifications for Seismic Design of Highway Bridges

JTG/T 2231-01—2020

主编单位：招商局重庆交通科研设计院有限公司
批准部门：中华人民共和国交通运输部
实施日期：2020 年 09 月 01 日

人民交通出版社股份有限公司
北　京

律师声明

本书所有文字、数据、图像、版式设计、插图等均受中华人民共和国宪法和著作权法保护。未经人民交通出版社股份有限公司同意，任何单位、组织、个人不得以任何方式对本作品进行全部或局部的复制、转载、出版或变相出版。

本书封面贴有配数字资源的正版图书二维码，扉页前加印有人民交通出版社股份有限公司专用防伪纸。任何侵犯本书权益的行为，人民交通出版社股份有限公司将依法追究其法律责任。

有奖举报电话：（010）85285150

北京市星河律师事务所
2020 年 6 月 30 日

图书在版编目（CIP）数据

公路桥梁抗震设计规范：JTG/T 2231-01—2020／招商局重庆交通科研设计院有限公司主编． — 北京：人民交通出版社股份有限公司，2020.6
ISBN 978-7-114-16483-5

Ⅰ．①公… Ⅱ．①招… Ⅲ．①公路桥—防震设计—设计规范—中国 Ⅳ．①U448.142.5-65

中国版本图书馆 CIP 数据核字（2020）第 064845 号

标准类型：中华人民共和国行业推荐性标准
标准名称：公路桥梁抗震设计规范
标准编号：JTG/T 2231-01—2020
主编单位：招商局重庆交通科研设计院有限公司
责任编辑：李　沛
责任校对：孙国靖　龙　雪
责任印制：张　凯
出版发行：人民交通出版社股份有限公司
地　　址：（100011）北京市朝阳区安定门外外馆斜街 3 号
网　　址：http://www.ccpcl.com.cn
销售电话：(010)59757973
总 经 销：人民交通出版社股份有限公司发行部
经　　销：各地新华书店
印　　刷：北京市密东印刷有限公司
开　　本：880×1230　1/16
印　　张：8.25
字　　数：210 千
版　　次：2020 年 6 月　第 1 版
印　　次：2023 年 2 月　第 6 次印刷
书　　号：ISBN 978-7-114-16483-5
定　　价：80.00 元

（有印刷、装订质量问题的图书，由本公司负责调换）

中华人民共和国交通运输部
公 告

第 37 号

交通运输部关于发布
《公路桥梁抗震设计规范》的公告

现发布《公路桥梁抗震设计规范》（JTG/T 2231-01—2020），作为公路工程行业推荐性标准，自 2020 年 9 月 1 日起施行，原《公路桥梁抗震设计细则》（JTG/T B02-01—2008）同时废止。

该标准的管理权和解释权归交通运输部，日常管理和解释工作由主编单位招商局重庆交通科研设计院有限公司负责。

请各有关单位注意在实践中总结经验，及时将发现的问题和修改建议函告招商局重庆交通科研设计院有限公司（地址：重庆市南岸区学府大道 33 号，邮政编码：400067），以便修订时研用。

特此公告。

中华人民共和国交通运输部
2020 年 6 月 2 日

交通运输部办公厅　　　　　　　　　　　　　　　2020 年 6 月 4 日印发

前　言

根据交通运输部《关于下达 2014 年度公路工程行业标准制修订项目计划的通知》（厅公路字〔2014〕87 号）的要求，由招商局重庆交通科研设计院有限公司承担《公路桥梁抗震设计细则》（JTG/T B02-01—2008）（以下简称"08 细则"）的修订工作。

本规范是在 08 细则的基础上经局部修订并增补和细化了部分内容后制定的，经批准后以《公路桥梁抗震设计规范》（JTG/T 2231-01—2020）（以下简称"本规范"）颁布实施。

编写组在广泛调研和征求意见的基础上，针对 08 细则实施过程中发现的问题和不足，同时尽可能吸收近年来国内外成熟的桥梁抗震设计成果，以与现行公路工程行业标准相协调为原则，对 08 细则进行了修订。主要修订内容包括：

1. 增加了桥梁结构抗震体系的内容，细化了抗震概念设计的内容；
2. 对桩基础验算和承载能力调整系数进行了修订；
3. 对设计加速度反应谱进行了修订，取消了谱比函数的概念；
4. 对动水压力部分进行了修订；
5. 扩大了线弹性分析方法的适用范围；
6. 修订了规则桥梁抗震计算方法；
7. 修改了墩柱塑性铰区域抗剪计算公式；
8. 修订了 E2 地震作用下弹性计算方法的地震位移修正系数；
9. 增补了构件延性系数计算方法；
10. 修订了能力保护构件计算方法；
11. 修改了墩梁搭接长度计算公式；
12. 增补和细化了减隔震桥梁抗震设计的内容；
13. 对部分章节的条文编排和叙述进行了优化调整；
14. 引入了"抗震构造措施等级"的新概念。

本规范共包括 11 章和 4 个附录，主要章节保持了 08 细则的架构，只做了局部调整和增删。删去了 08 细则的附录 A；08 细则的附录 B、C、D 分别调整为本规范的附录 A、B、C；新编写了附录 D，对桥梁墩柱位移延性系数的计算方法做出了规定。

第 1 章总则，对规范的编制目的、适用范围和抗震设防总体原则进行了规定；第 2 章术语和符号；第 3 章基本要求，对桥梁抗震设防分类、设防标准和设防目标，以及抗震设计的基本要求进行了规定；第 4 章场地、地基和基础，对场地划分、地基液化和地基承载力进行了规定；第 5 章地震作用，对地震加速度反应谱、功率谱和时程，以及地震土压力和水压力等进行了规定；第 6 章抗震分析，对常规桥梁的建模和抗震分析方法进行了规定；第7章强度与变形验算，对常规桥梁的强度与变形验算进行了规定；第8章延性构造细节设计，对延性构件和节点的构造细节设计进行了规定；第9章特殊桥梁抗震设计，对斜拉桥、悬索桥、单跨跨径150m以上的梁桥和拱桥的抗震设计进行了规定；第10章桥梁减隔震设计，对减隔震桥梁的抗震设计进行了规定；第11章抗震措施，对桥梁各级抗震措施的具体内容进行了规定。附录A对圆形和矩形截面屈服曲率和极限曲率计算进行了规定；附录B对功率谱法的实施原则进行了规定；附录C对黏性填土的地震土压力计算公式进行了规定；附录D对桥梁墩柱位移延性系数计算方法做出了规定。

本规范由唐光武负责修订第1章，兰海燕、胡建新负责修订第2章，唐光武、李建中负责修订第3章，郑罡、唐光武、陶夏新负责修订第4章，陶夏新、林家浩、刘海明负责修订第5章，李建中、张晓东、刘怀林、唐光武负责修订第6章、第7章，王克海、郑万山、庄卫林、苏慈负责修订第8章，唐光武、刘怀林负责修订第9章，唐光武、高文军、李建中、兰海燕负责修订第10章，郑万山、高文军、庄卫林、苏慈、胡建新负责修订第11章。附录A由李建中负责修订，附录B由林家浩负责修订，附录C由陶夏新负责修订，附录D由张晓东负责起草。

请各有关单位在执行过程中，将发现的问题和意见，函告本规范日常管理组，联系人：唐光武（地址：重庆市南岸区学府大道33号招商局重庆交通科研设计院有限公司，邮编：400067，电话：023-62653430，传真：023-62653511，电子邮箱：tangguangwu@cm-hk.com），以便修订时研用。

主 编 单 位：招商局重庆交通科研设计院有限公司
参 编 单 位：同济大学
中国地震局工程力学研究所
交通运输部公路科学研究院
重庆交通大学
大连理工大学
保利长大工程有限公司
四川省公路规划勘察设计研究院有限公司

主　　　　编：唐光武
主要参编人员：李建中　陶夏新　郑万山　张晓东　林家浩　郑　罡
王克海　刘怀林　兰海燕　刘海明　庄卫林　苏　慈

主　　　　审：沈永林
参与审查人员：黄福伟　袁　洪　李春风　李　健　秦大航　乔　森
鲍卫刚　韩　彬　刘　硕　梁立农　罗吉智　史方华

韩大章　陈　阵　吉　林　李龙安　詹建辉　钟明全
彭元诚　杨　斌　刘海青　谢　旭　向中富　朱东生
赵灿辉　徐宏光　张建东　杨庆山　李正良　巫祖烈

参 加 人 员：高文军　胡建新

目　次

1 总则 ·· 1
2 术语和符号 ·· 3
　2.1 术语 ·· 3
　2.2 符号 ·· 5
3 基本要求 ·· 8
　3.1 桥梁抗震设防分类和设防标准 ··· 8
　3.2 地震作用的基本要求 ·· 11
　3.3 抗震设计方法分类及流程图 ··· 12
　3.4 桥梁结构抗震体系 ·· 13
　3.5 抗震概念设计 ··· 17
　3.6 作用效应组合 ··· 20
4 场地、地基和基础 ·· 21
　4.1 场地 ·· 21
　4.2 地基的液化 ··· 25
　4.3 地基承载力 ··· 30
　4.4 桩基础 ·· 31
5 地震作用 ·· 33
　5.1 一般规定 ·· 33
　5.2 设计加速度反应谱 ·· 34
　5.3 设计地震动时程 ·· 38
　5.4 设计地震动功率谱 ·· 38
　5.5 地震主动土压力和动水压力 ·· 39
6 抗震分析 ·· 43
　6.1 一般规定 ·· 43
　6.2 建模原则 ·· 48
　6.3 反应谱法 ·· 53
　6.4 时程分析方法 ··· 55
　6.5 功率谱法 ·· 55
　6.6 规则桥梁计算 ··· 56
　6.7 能力保护构件计算 ·· 60
　6.8 桥台 ·· 65

7 强度与变形验算 ... 66
7.1 一般规定 ... 66
7.2 D类桥梁、圬工拱桥、重力式桥墩和桥台强度验算 ... 67
7.3 B类、C类桥梁抗震强度验算 ... 68
7.4 B类、C类桥梁墩柱的变形验算 ... 71
7.5 B类、C类桥梁的支座验算 ... 75

8 延性构造细节设计 ... 77
8.1 一般规定 ... 77
8.2 墩柱构造细节设计 ... 77
8.3 节点构造细节设计 ... 82

9 特殊桥梁抗震设计 ... 84
9.1 一般规定 ... 84
9.2 抗震概念设计 ... 85
9.3 建模与分析原则 ... 87
9.4 性能要求与抗震验算 ... 90
9.5 抗震措施 ... 92

10 桥梁减隔震设计 ... 93
10.1 一般规定 ... 93
10.2 减隔震装置 ... 94
10.3 减隔震桥梁建模原则与分析方法 ... 96
10.4 性能要求与抗震验算 ... 103

11 抗震措施 ... 105
11.1 一般规定 ... 105
11.2 一级抗震措施 ... 105
11.3 二级抗震措施 ... 108
11.4 三级抗震措施 ... 109
11.5 四级抗震措施 ... 111

附录A 圆形和矩形截面屈服曲率和极限曲率计算 ... 112

附录B 功率谱法的实施原则 ... 114

附录C 黏性填土的地震土压力计算公式 ... 116

附录D 桥梁墩柱位移延性系数计算方法 ... 118

本规范用词用语说明 ... 120

1 总则

1.0.1 为规范和指导公路桥梁抗震设计，减轻公路桥梁的地震破坏，更好地发挥公路交通网在抗震救灾中的作用，制定本规范。

条文说明

我国处于世界两大地震带即环太平洋地震带和亚欧地震带之间，是一个强震多发国家。我国地震的特点是发生频率高、强度大、分布范围广、伤亡大、灾害严重。几乎所有的省、自治区、直辖市都发生过六级以上的破坏性地震。强烈地震造成了人员伤亡和极大的经济损失，使建设成果毁于一旦，引发长期的社会、政治和经济问题。公路桥梁是生命线系统工程中的重要组成部分。在抗震救灾中，公路交通网是抢救人民生命财产和尽快恢复生产、重建家园、减轻次生灾害的重要环节。

08细则发布实施以来，设计人员在使用过程中发现了一些问题或不方便之处，提出了一些修改建议。在此期间，国内外公路桥梁抗震技术有了新的发展。为此，在广泛调研基础上，对08细则进行了修订，制定了本规范，主要对使用过程中发现的问题或不方便之处进行了修订，同时，消化吸收了一些桥梁抗震设计成熟的新技术，以反映当前的桥梁抗震设计和研究水平。

1.0.2 本规范适用于单跨跨径不超过150m的圬工或混凝土拱桥、下部结构为混凝土结构的梁桥。斜拉桥、悬索桥、单跨跨径超过150m的梁桥和拱桥，除应满足本规范要求外，尚应进行专门研究。

条文说明

自20世纪90年代以来，我国桥梁建设发展非常快，修建了大量单跨跨径超过150m的特大跨径桥梁，以及混凝土斜拉桥和悬索桥等特殊桥梁，因此，有必要将本规范的适用范围扩大到这些特殊桥梁。但由于特殊桥梁一般规模都很大，结构复杂，涉及的因素很多，每一座桥可能又有其自身的独特性，规范很难对特殊桥梁的抗震设计给出全面完整的规定，只能对普遍适用的共性要求做出规定。因此，本规范规定，特殊桥梁的抗震设计，在满足本规范要求的基础上，根据桥梁的自身特点，进行专门研究和设计。目前美国、日本和欧洲等国家和地区对特殊桥梁的抗震设计也是要求进行专门研究的。

1.0.3 公路桥梁根据其重要性和修复（抢修）的难易程度，分为 A 类、B 类、C 类和 D 类四个抗震设防类别，分别对应不同的抗震设防标准和设防目标。

条文说明

本规范从我国目前的具体情况出发，考虑到公路桥梁的重要性和在抗震救灾中的作用，本着确保重点和节约投资的原则，对不同桥梁要求不同的抗震安全度。具体来讲，将公路桥梁分为 A 类、B 类、C 类、D 类四个抗震设防类别，并按抗震设防类别确定不同的设防标准和设防目标。

1.0.4 公路桥梁必须进行抗震设计。抗震设防烈度大于Ⅸ度地区的桥梁和有特殊要求的桥梁，其抗震设计应作专门研究。

1.0.5 对桥梁工程场地已做过专门地震安全性评价的桥梁，应采用按相关要求评审通过的抗震设防烈度。对桥梁工程场地未做地震安全性评价的桥梁，抗震设防烈度应采用现行《中国地震动参数区划图》（GB 18306）中桥梁所在地区的基本地震动峰值加速度对应的地震烈度。

条文说明

场地基本地震动峰值加速度对应的地震烈度详见本规范表 3.2.2。桥梁工程场地地震安全性评价的要求，见本规范第 4 章和第 5 章的相关规定。《中国地震动参数区划图》（GB 18306—2015）中规定的最高烈度为Ⅸ度，但是，抗震设防烈度大于Ⅸ度的情况，在地震安全性评价的结果中是可能出现的。

1.0.6 公路桥梁的抗震设计除应符合本规范的规定外，尚应符合国家和行业现行有关标准的规定。

2 术语和符号

2.1 术语

2.1.1 抗震设防烈度 seismic fortification intensity

作为一个地区抗震设防依据的地震烈度，一般情况下取50年内超越概率10%（重现期为475年）的地震烈度，依据现行《中国地震动参数区划图》（GB 18306）或专门的地震安全性评价工作确定。

2.1.2 抗震设防标准 seismic fortification criterion

衡量抗震设防要求高低的尺度，由抗震设防烈度或设计地震动参数及桥梁抗震设防类别确定。

2.1.3 抗震设防水准 seismic design level

为达到各类桥梁抗震设防目标而确定的设计地震动超越概率或重现期。

2.1.4 地震作用 earthquake action

作用在结构上的地震动，包括水平地震作用和竖向地震作用。

2.1.5 E1地震作用 earthquake action E1

工程场地重现期较短的地震作用，在第一阶段抗震设计中采用。

2.1.6 E2地震作用 earthquake action E2

工程场地重现期较长的地震作用，在第二阶段抗震设计中采用。

2.1.7 地震作用效应 seismic effect

由地震作用引起的桥梁结构内力与变形等效应的总称。

2.1.8 基本地震动峰值加速度 basic peak ground acceleration

重现期475年的Ⅱ类场地地震动峰值加速度。

2.1.9 特征周期 characteristic period
设计加速度反应谱曲线下降段起始点对应的周期，取决于地震环境和场地类别。

2.1.10 设定地震 scenario earthquake
根据桥梁工程场地地震危险性概率估计、区域地震动衰减关系确定的与设防地震动协调一致的地震，用一对震级和距离的组合来表达。

2.1.11 多点非一致激励 multi-support excitation
为反映地震动场的空间变异性和空间相关性，表达地震中各个桥墩（台、塔）受到的地震作用的差异，抗震分析中采用的各个桥墩（台、塔）处不完全相同的地震动输入。

2.1.12 液化 liquefaction
地表饱和土层在地震中孔隙水压急剧上升，一时难以消散，有效应力减小，导致土体抗剪强度大幅降低的现象。多发生在饱和粉细砂中，常表现出喷水、冒沙以及构筑物沉陷、倾倒等现象。

2.1.13 侧向滑移 lateral spreading
液化导致的大范围地表土层的侧向滑动，往往引起桥墩、桥台的倾斜失稳和地表开裂。

2.1.14 抗震概念设计 seismic concept design
根据地震灾害和工程经验等归纳的基本设计原则和设计思想，进行桥梁结构总体布置、确定细部构造的过程。

2.1.15 弹性抗震设计 elastic seismic design
不允许桥梁结构发生塑性变形，用构件的强度作为衡量结构性能的指标，只需校核构件的强度是否满足要求的抗震设计。

2.1.16 延性抗震设计 ductility seismic design
允许桥梁结构发生塑性变形，不仅用构件的强度作为衡量结构性能的指标，同时要校核构件的变形能力是否满足要求的抗震设计。

2.1.17 延性构件 ductile member
抗震设计中有意设计的通过局部塑性变形来耗散地震能量、能够承受 E2 地震作用下多个循环的弹塑性变形而强度没有显著退化的结构构件。

2.1.18 能力保护设计　capacity protection design

为保证延性抗震设计桥梁在 E2 地震作用下，可能出现塑性铰的桥墩的非塑性铰区、基础、盖梁和上部结构等构件不发生塑性变形和剪切破坏，同时桥墩的塑性铰区也不发生剪切破坏，对上述部位、构件进行的加强设计。

2.1.19 能力保护构件　capacity protected member

采用能力保护设计方法设计的构件。

2.1.20 减隔震设计　seismic isolation design

在桥梁上部结构和下部结构之间或下部结构与基础之间设置减隔震系统，以增大原结构体系阻尼和（或）周期，降低结构的地震反应和（或）减小输入到上部结构的能量，达到预期的防震要求。

2.1.21 抗震措施　seismic measure

地震作用计算和抗力计算以外的抗震设计内容，包括抗震构造措施。抗震措施等级根据桥梁抗震设防类别和抗震设防烈度确定。

2.1.22 抗震构造措施　details of seismic measures

根据震害经验归纳总结的、对结构和非结构各部分必须采取的各种细部要求，一般无须进行地震作用计算和抗力计算。

2.1.23 限位装置　restrainer

为限制桥梁梁体与桥墩或桥台间的相对位移而设计的构造装置。

2.1.24 常规桥梁　ordinary bridge

包括单跨跨径不超过150m的圬工或混凝土拱桥、下部结构为混凝土结构的梁桥。

2.1.25 特殊桥梁　special bridge

包括斜拉桥、悬索桥、单跨跨径超过150m的梁桥和拱桥。

2.2 符号

2.2.1 作用和作用效应

A——水平向基本地震动峰值加速度；

E_{ea}——地震主动土压力；

E_{hau}——作用于台身质心处的水平地震力；

E_{hzh}——地震作用效应、永久作用效应和均匀温度作用效应组合后板式橡胶支座或固定盆式支座的水平力设计值；

E_{kti}——顺桥向作用于活动支座顶面处的水平地震力；

E_{ktp}——顺桥向作用于固定支座顶面或横桥向作用于上部结构质心处的水平地震力；

E_{max}——固定支座容许承受的最大水平力；

G_{au}——基础顶面以上台身重力；

M_{cp}——盖梁质量；

M_{p}——墩身质量；

M_{sp}——上部结构的质量或一联上部结构的总质量；

S_{max}——设计加速度反应谱最大值。

2.2.2 计算系数

C_d——阻尼调整系数；

C_e——液化抵抗系数；

C_i——抗震重要性系数；

C_s——场地系数；

K——地基抗震容许承载力调整系数；

K_A——非地震条件下作用于台背的主动土压力系数；

K_a——地震主动土压力系数；

α——土层液化影响折减系数；

η_{cp}——盖梁质量换算系数；

η_p——墩身质量换算系数。

2.2.3 几何特征

d_b——基础埋置深度；

d_s——纵向钢筋的直径；

d_u——上覆非液化土层厚度；

d_w——地下水位深度；

d_0——液化土特征深度；

I_{eff}——有效截面抗弯惯性矩；

s——箍筋的间距；

$\sum t$——板式橡胶支座橡胶层总厚度；

θ——斜交角；

φ——曲线梁的中心角。

2.2.4 材料指标

E_c——桥墩的弹性模量；

f_{a0}——地基承载力基本容许值；

$[f_a]$——深宽修正后的地基承载力容许值；
$[f_{aE}]$——调整后的地基抗震承载力容许值；
G_d——板式橡胶支座动剪切模量；
γ——土的重度；
μ_d——支座动摩阻系数。

2.2.5 延性设计参数

f_{cd}——混凝土抗压强度设计值；
f_{ck}——混凝土抗压强度标准值；
f_{kh}——箍筋抗拉强度标准值；
f_{yh}——箍筋抗拉强度设计值；
K_{ds}——延性安全系数；
L_p——等效的塑性铰长度；
M_y——等效屈服弯矩；
Δ_u——桥墩容许位移；
ε_{lu}——纵筋的折减极限应变；
ε_{su}^R——约束钢筋的折减极限应变；
η_k——轴压比；
θ_u——塑性铰区域的最大容许转角；
μ_Δ——墩柱构件位移延性系数；
ρ_t——纵向配筋率；
ϕ_u——极限曲率；
ϕ_y——等效屈服曲率；
ϕ^0——桥墩正截面极限弯矩超强系数。

2.2.6 其他参数

g——重力加速度；
N_{cr}——土层液化判别标准贯入锤击数临界值；
N_1——土层实际标准贯入锤击数；
T——结构自振周期；
T_g——场地特征周期；
T_1——结构自振基本周期；
v_s——土层剪切波速；
ξ——结构阻尼比；
ξ_{eff}——减隔震桥梁或减隔震装置的等效阻尼比；
ω_1——结构自振基本圆频率。

3 基本要求

3.1 桥梁抗震设防分类和设防标准

3.1.1 桥梁抗震设防类别应按表 3.1.1 确定。对抗震救灾以及在经济、国防上具有重要意义的桥梁或破坏后修复（抢修）困难的桥梁，应提高抗震设防类别。

表 3.1.1 桥梁抗震设防类别

桥梁抗震设防类别	适 用 范 围
A 类	单跨跨径超过 150m 的特大桥
B 类	单跨跨径不超过 150m 的高速公路、一级公路上的桥梁； 单跨跨径不超过 150m 的二级公路上的特大桥、大桥
C 类	二级公路上的中桥、小桥； 单跨跨径不超过 150m 的三、四级公路上的特大桥、大桥
D 类	三、四级公路上的中桥、小桥

条文说明

为确保重点和节约投资，将公路桥梁分为 A 类、B 类、C 类和 D 类四个抗震设防类别，A 类抗震设防要求最高，B 类、C 类和 D 类抗震设防要求依次降低。

3.1.2 A 类、B 类和 C 类桥梁应采用两水准抗震设防，D 类桥梁可采用一水准抗震设防。在 E1 和 E2 地震作用下，桥梁抗震设防目标应符合表 3.1.2 的要求。

表 3.1.2 桥梁抗震设防目标

桥梁抗震设防类别	设 防 目 标			
	E1 地震作用		E2 地震作用	
	震后使用要求	损伤状态	震后使用要求	损伤状态
A 类	可正常使用	结构总体反应在弹性范围，基本无损伤	无须进行修复或经简单修复即可正常使用	可发生局部轻微损伤
B 类	可正常使用	结构总体反应在弹性范围，基本无损伤	经临时加固后可供维持应急交通使用	不致倒塌或产生严重结构损伤
C 类	可正常使用	结构总体反应在弹性范围，基本无损伤	经临时加固后可供维持应急交通使用	不致倒塌或产生严重结构损伤
D 类	可正常使用	结构总体反应在弹性范围，基本无损伤	—	—

注：B 类、C 类中的斜拉桥和悬索桥以及采用减隔震设计的桥梁，其抗震设防目标应按 A 类桥梁要求执行。

条文说明

E1 地震作用下，要求各类桥梁在弹性范围工作，结构强度和刚度基本保持不变。
E2 地震作用下，A 类桥梁局部可发生开裂，裂缝宽度也可以超过容许值，但混凝土保护层保持完好，因地震过程的持续时间比较短，地震后，在结构自重作用下，地震过程中开展的裂缝一般可以闭合，不影响使用，结构整体反应还在弹性范围。B 类、C 类桥梁在 E2 地震作用下要求不倒塌，但结构强度不能出现大幅度降低，对钢筋混凝土桥梁墩柱，其抗弯承载能力降低幅度不超过 20%。

在 E2 地震作用下，斜拉桥和悬索桥如允许桥塔进入塑性，将产生较大变形，从而使结构受力体系发生大的变化，例如，可能出现部分斜拉索或吊杆不受力的情况，甚至导致桥梁垮塌等严重后果。采用减隔震设计的桥梁，通过减隔震装置耗散地震能量，就能有效降低结构的地震响应，使桥梁墩柱不进入塑性状态。此外，若允许桥梁墩柱进入塑性状态形成塑性铰，将导致结构的耗能体系混乱，还可能导致过大的结构位移和计算分析上的困难。因此，规定 B 类、C 类中的斜拉桥和悬索桥以及采用减隔震设计的桥梁抗震设防目标应按 A 类桥梁要求执行。

3.1.3 桥梁的抗震措施等级和抗震重要性系数，应符合下列规定：
1 在不同抗震设防烈度下的桥梁抗震措施等级应按表 3.1.3-1 确定。

表 3.1.3-1 桥梁抗震措施等级

桥梁抗震设防类别	抗震设防烈度					
	Ⅵ	Ⅶ		Ⅷ		Ⅸ
	0.05g	0.1g	0.15g	0.2g	0.3g	0.4g
A 类	二级	三级	四级	四级	更高，专门研究	
B 类	二级	三级	三级	四级	四级	四级
C 类	一级	二级	二级	三级	三级	四级
D 类	一级	二级	二级	三级	三级	四级

注：g 为重力加速度，各等级抗震措施的具体规定见本规范第 11 章。

2 桥梁抗震重要性系数 C_i 应按表 3.1.3-2 确定。

表 3.1.3-2 桥梁抗震重要性系数 C_i

桥梁抗震设防类别	E1 地震作用	E2 地震作用
A 类	1.0	1.7
B 类	0.43（0.5）	1.3（1.7）
C 类	0.34	1.0
D 类	0.23	—

注：高速公路和一级公路上的 B 类大桥、特大桥，其抗震重要性系数取 B 类括号内的值。

条文说明

08 细则在编制过程中对桥梁抗震设防类别、设防目标和设防标准开展了专题研究，成果归纳为上述条款。汶川地震后，在交通运输部组织下，对桥梁震害进行了详细调查和分析，对震害机理开展了详细研究，进一步对桥梁抗震设防类别、设防目标和设防标准进行了深入研究。研究成果表明，08 细则的桥梁抗震设防类别、设防目标和设防标准是合适的。因此，本次修订对相关条款的具体内容未做改变，只对相关条款的顺序进行了梳理。同时，对抗震措施选用，引进了抗震措施等级的概念，使表达更为清晰，避免混淆。

为与本规范第 3.1.2 条规定的抗震设防目标相协调，将各类桥梁的抗震重要性系数对应的重现期列于表 3-1 中。严格地讲，抗震重要性系数 1.0 对应重现期 475 年是准确的，其余的对应关系是近似的。

表 3-1 抗震重要性系数和重现期对照表

抗震重要性系数	1.7	1.3	1.0	0.5	0.43	0.34	0.23
重现期（年）	2 000	1 000	475	100	75	50	25

本规范采用两水准设防、两阶段设计；D 类桥梁，因规模小、路线等级低，一般采用一水准设防、一阶段设计。对 A 类桥梁、B 类和 C 类中的斜拉桥和悬索桥以及采用减隔震设计的桥梁，第一阶段和第二阶段抗震设计均采用弹性抗震设计，但 E1 地震作用下的抗震计算采用全截面刚度，E2 地震作用下的抗震计算可采用开裂截面刚度。对其他 B 类、C 类桥梁，第一阶段的抗震设计，即对应 E1 地震作用的抗震设计，采用弹性抗震设计，保证桥梁结构在 E1 地震作用下处于弹性状态。第二阶段的抗震设计，即对应 E2 地震作用的抗震设计，采用延性抗震设计，并引入能力保护设计原则。确保在 E2 地震作用下结构具有足够的延性变形能力，即结构的延性变形能力大于延性变形需求并有适当的安全储备，通过能力保护设计，确保塑性铰只在选定的位置出现，并且不出现剪切破坏等破坏模式。

08 细则采用烈度表达抗震措施等级，易与抗震设防烈度混淆、产生歧义。为表述更清晰，本次修订直接采用一至四级表达抗震措施等级，08 细则中Ⅵ度区的抗震措施称为一级，Ⅶ度区的为二级，Ⅷ度区的为三级，Ⅸ度区的为四级。各等级抗震措施的具体规定详见本规范第 11 章。

3.1.4 立体交叉的跨线桥梁的抗震设防标准应不低于其跨越的下线工程的抗震设防标准。

条文说明

立体交叉的跨线桥梁一旦遭受地震破坏，不仅会影响到上线交通，还会影响到下线交通，因此，按上、下两线中较高的抗震设防标准来进行抗震设计。如果跨越其他通道或构筑物（如铁路），也按本条要求执行。

3.2 地震作用的基本要求

3.2.1 公路桥梁抗震设计的地震作用，应采用桥梁所在地区的基本地震动峰值加速度和反应谱特征周期，按场地条件和本规范第3.1.3条第2款规定的抗震重要性系数调整确定。

条文说明

对未做专门的地震安全性评价的桥梁工程场地，地震作用只能根据《中国地震动参数区划图》（GB 18306—2015）的附录C确定，但《中国地震动参数区划图》（GB 18306—2015）中只给出了Ⅱ类场地的基本地震动峰值加速度和特征周期，其他类别场地需根据Ⅱ类场地的参数进行调整，详见本规范第5.2.2条和第5.2.3条。本规范引入抗震重要性系数，对不同设防类别的桥梁，赋予不同的抗震重要性系数来调整地震作用，表达抗震设防水准的差别。做过专门的地震安全性评价的桥梁工程场地，地震作用根据评审通过的地震安全性评价结果确定。

3.2.2 公路桥梁抗震设防烈度与现行《中国地震动参数区划图》（GB 18306）基本地震动峰值加速度的对应关系，应按表3.2.2的规定确定。

表3.2.2 抗震设防烈度和基本地震动峰值加速度 A 对照表

抗震设防烈度	Ⅵ	Ⅶ	Ⅷ	Ⅸ
A	0.05g	0.10（0.15）g	0.20（0.30）g	0.40g

条文说明

表3.2.2是根据《中国地震动参数区划图》（GB 18306—2015）中表G.1确定的，表G.1中 A 是用Ⅱ类场地的地震动峰值加速度5个范围表达的，本规范 A 值直接采用《中国地震动参数区划图》（GB 18306—2015）上Ⅱ类场地的基本地震动峰值加速度分区值，与《中国地震动参数区划图》（GB 18306—2015）中表F.1是一致的，具体取值可在《中国地震动参数区划图》（GB 18306—2015）的附录C中查取，因此表3.2.2的对应关系也采用基本地震动峰值加速度分区值表达。此外，区划图上没有 A 不小于0.75g 的区，因此表3.2.2只保留4个抗震设防烈度。根据定义，烈度表达的是一般场地上地震动强烈程度的平均特征，即与Ⅱ类场地对应。其他场地类别的地震动峰值加速度是依据相应Ⅱ类场地的值调整得到的，表达的是同一烈度下场地条件对地震动的影响，并不对应另外的抗震设防烈度。

3.2.3 对桥梁工程场地进行专门的地震安全性评价时，除应符合现行《工程场地地震安全性评价》（GB 17741）的规定外，确定抗震设防标准及地震作用时尚应符合本规范的相关规定。

条文说明

桥梁工程场地专门的地震安全性评价，要确定抗震设防烈度，以及对应各类桥梁抗震设防标准的设计地震动参数，即对应 E1 和 E2 地震作用的设计地震动参数，各类桥梁 E1 和 E2 地震作用的重现期可以按本规范表 3-1 确定。此外，是否需要考虑竖向地震作用以及地震动空间变化等也应按照本规范的要求执行，详见本规范第 5 章的有关规定。

3.3 抗震设计方法分类及流程图

3.3.1 根据桥梁抗震设防类别及抗震设防烈度，桥梁抗震设计方法可分为下列三类：

1 1 类，应进行 E1 和 E2 地震作用下的抗震分析和抗震验算，并应满足本规范第 3.4 节的要求以及相关构造和抗震措施的要求。

2 2 类，应进行 E1 地震作用下的抗震分析和抗震验算，并应满足相关构造和抗震措施的要求。

3 3 类，应满足相关构造和抗震措施的要求，可不进行抗震分析和抗震验算。

条文说明

为确保桥梁结构的抗震安全性，同时尽可能减小计算工作量，本规范对各抗震设防类别、抗震设防烈度的桥梁规定了相应的抗震设计要求和抗震设计内容。总的原则是要求抗震设防类别、抗震设防烈度高的桥梁做更精细的抗震设计。根据抗震设计要求和抗震设计内容的不同，本规范将抗震设计方法分为三类。

3.3.2 桥梁抗震设计方法应按表 3.3.2 选用。

表 3.3.2 桥梁抗震设计方法选用

桥梁抗震设防类别	抗震设防烈度					
	Ⅵ	Ⅶ		Ⅷ		Ⅸ
	0.05g	0.1g	0.15g	0.2g	0.3g	0.4g
A 类	1 类	1 类	1 类	1 类	1 类	1 类
B 类	3 类	1 类	1 类	1 类	1 类	1 类
C 类	3 类	1 类	1 类	1 类	1 类	1 类
D 类	3 类	2 类	2 类	2 类	2 类	2 类

注：圬工拱桥、重力式桥墩和桥台的抗震设计方法可选 2 类。

条文说明

参照现行国内外相关桥梁抗震设计规范，本规范规定，对Ⅵ度区的B类、C类、D类桥梁，可只需满足相关构造和抗震措施要求，无须进行抗震分析；对Ⅶ度、Ⅷ度和Ⅸ度区的D类桥梁，可只进行E1地震作用下的抗震计算和验算，并满足相关构造和抗震措施要求；圬工拱桥、重力式桥墩和桥台一般为混凝土结构，结构尺寸大，基本无延性，不能考虑延性抗震设计，因此规定可只进行E1地震作用下的抗震设计［该规定沿用了《公路工程抗震设计规范》（JTJ 004—1989）（简称"89规范"）和08细则的规定，现有经验表明，照此设计的桥梁在实际地震中表现良好］；对其他桥梁，则需进行E1和E2地震作用下的抗震计算和验算，并满足相关构造和抗震措施要求。

3.3.3 桥梁抗震设计可采用图3.3.3的抗震设计流程进行。

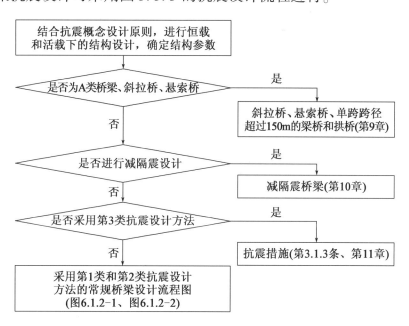

图3.3.3 抗震设计流程图

3.4 桥梁结构抗震体系

3.4.1 桥梁结构抗震体系应符合下列规定：
1 有可靠和稳定的传力途径。
2 有明确、可靠的位移约束，能有效地控制结构地震位移，防止落梁。
3 有明确、合理、可靠的能量耗散部位。
4 有避免因部分结构构件的破坏而导致结构倒塌的能力。

条文说明

桥梁结构抗震体系，是指用于承担地震作用的各种桥梁结构体系的总称，主要功能为承担水平向和竖向地震作用。

本条是在归纳总结历次地震震害教训基础上给出的规定，目的是避免地震作用下桥梁结构出现整体破坏和倒塌，保证交通生命线不致中断。

3.4.2 对 B 类和 C 类梁桥，可采用下列两种抗震体系：

1 类型 Ⅰ：地震作用下，桥梁的弹塑性变形、耗能部位位于桥墩。典型单柱墩和双柱墩的耗能部位，即潜在塑性铰区域如图 3.4.2 所示。

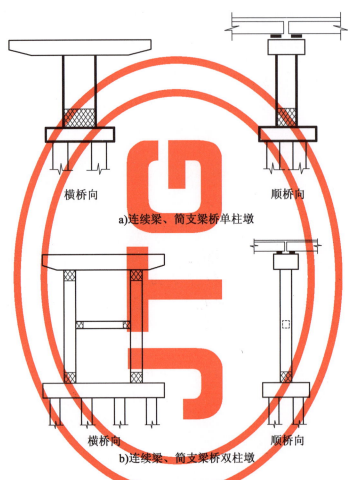

图 3.4.2 连续梁、简支梁桥单柱墩和双柱墩的耗能部位（潜在塑性铰区域）示意图
（图中"▨"代表潜在塑性铰区域）

2 类型 Ⅱ：地震作用下，桥梁的耗能部位位于桥梁上、下部结构的连接构件，包括减隔震支座和耗能装置。

条文说明

对钢筋混凝土桥梁，目前国内外采用的结构抗震体系主要有两类：一类是按延性抗震设计的桥梁，地震作用下利用桥梁墩柱发生塑性变形，延长结构周期，耗散地震能量。对这类结构，允许发生塑性变形的耗能部位一般选择在易于检查和修复的构件上。图 3.4.2 给出了单柱墩和双柱墩的适宜耗能部位示意图。对有系梁双柱墩，在墩柱和系梁的节点部位也可能发生塑性变形，一般考虑塑性变形发生在系梁上。另一类为按减隔震设计的桥梁，地震作用下，利用桥梁上、下部结构的连接构件（支座、耗能装置）发生塑性变形或增大阻尼，延长结构周期，耗散地震能量，从而减小结构地震反应。据此，本规范将桥梁结构抗震体系分为两类。

地震作用下，桥梁结构的耗能部位在抗震设计时预先确定，对结构的变形能力进行校核，同时确保结构的其他部位不能比耗能部位更薄弱。

一般来讲，桥梁结构形式越规则，刚度和强度分布越均匀，其抗震性能越好。因此，桥梁不同墩柱的高差尽量不要太大，斜桥的斜交程度和曲线桥的曲线程度也尽量减小。

3.4.3 对采用抗震体系类型 I 的桥梁，抗震设计时，墩柱、系梁应作为延性构件设计，桥梁基础、盖梁、支座、梁体和节点宜作为能力保护构件，墩柱的抗剪强度应按能力保护原则设计。

条文说明

美国1971年发生的圣费尔南多地震是桥梁抗震设计理念和设计方法发展的转折点，人们在震害调查和研究基础上认识到了结构延性能力对结构抗震的重要性。经过数十年的研究发展，目前国内外桥梁抗震设计规范都采用延性抗震设计方法取代了以前单纯依靠强度的抗震设计方法。20世纪70年代，新西兰学者Park等提出了结构抗震设计方法中的一个重要原则——能力保护设计原则，并最早在新西兰的混凝土结构设计规范（NZS3101，1982）中得到应用。随后这个设计原则逐渐被世界各国的桥梁抗震设计规范所采用。

能力保护设计原则的基本思想和电路设计中采用保险丝的原理是一样的，即在结构设计中，使结构体系中的延性构件和能力保护构件形成强度等级差异，确保结构损伤只发生在延性构件预先选择的部位上，同时确保结构不发生脆性破坏。一般来讲，基于能力保护设计原则的结构设计过程如下：

（1）选择合理的结构布局。

（2）选择地震作用下结构预期出现弯曲塑性铰的合理位置，保证结构能形成一个适当的塑性耗能机制，通过强度和延性设计，确保塑性铰区域截面的延性能力。

（3）确立适当的强度等级，确保预期出现弯曲塑性铰的构件不发生脆性破坏（如剪切破坏、黏结破坏等），并确保脆性构件和不宜用于耗能的构件（能力保护构件）处于弹性反应范围。

具体到梁桥，按能力保护设计原则设计，需考虑以下几方面：

（1）潜在塑性铰的位置一般选择在墩柱上，墩柱按延性构件设计，可以发生弹塑性变形，耗散地震能量。

（2）墩柱的设计剪力值按能力保护设计原则进行计算，为与墩柱的极限弯矩（考虑超强系数）所对应的剪力。在计算剪力设计值时，考虑所有塑性铰位置以确定最大的设计剪力。

（3）盖梁、节点及基础按能力保护构件设计，其设计弯矩、设计剪力和设计轴力为与墩柱的极限弯矩（考虑超强系数）所对应的弯矩、剪力和轴力。在计算盖梁、节点及基础的设计弯矩、设计剪力和设计轴力时，考虑所有塑性铰位置以确定最大的设计弯矩、设计剪力和设计轴力。

3.4.4 对采用板式橡胶支座的桥梁，在 E2 地震作用下，如支座抗滑性能不满足本规范第 7.5 节的要求，可选择下列措施之一：

1 采用其他类型支座，根据选择的支座类型确定抗震体系类型，并按本规范相关规定进行抗震设计。

2 通过专项设计设置梁体限位装置，根据是否允许支座产生相对滑动确定抗震体系类型。

1）在确保支座不产生相对滑动的条件下，由限位装置和支座共同传递水平地震力，可按抗震体系类型Ⅰ进行抗震设计。

2）如允许支座和梁底产生相对滑动，在确保支座和墩（台）顶不产生相对滑动以及不发生落梁破坏的条件下，应按抗震体系类型Ⅱ进行抗震设计。抗震分析应采用非线性时程分析方法，考虑支座的滑动效应、限位装置的非线性特性的影响。

条文说明

我国中小跨径桥梁广泛采用板式橡胶支座，梁体直接搁置在支座上，支座与梁底和墩（台）顶无螺栓连接。汶川地震震害表明，采用这种支座布置形式时，在地震作用下，梁底与支座顶面容易产生相对滑动，导致较大的梁体位移，甚至出现落梁破坏。对于板式橡胶支座，在 E2 地震作用下，其抗滑性能不能满足要求的情况下，可以采用其他类型支座或梁体位移约束装置。

对于更换支座类型的方案，更换采用的支座类型不同，桥梁的抗震体系也可能不同。如选用减隔震支座，则按抗震体系类型Ⅱ进行抗震设计，满足本规范第 10 章减隔震设计的要求。

对采用梁体限位装置的方案，需要同时满足正常使用要求（即不影响正常使用）和抗震要求，不同类型限位装置的特性也可能不同，计算分析也相对复杂，由于目前这方面的设计经验还不够多，因此规定通过专项设计设置梁体限位装置，即根据实际情况在开展一定研究的基础上进行设计。

如允许支座和梁底产生相对滑动，可有效降低桥梁墩柱承受的水平地震力，实际上是一种减隔震体系，因此规定按抗震体系类型Ⅱ进行抗震设计，即桥梁墩柱、基础等的设计满足减隔震设计的要求，不允许桥梁墩柱形成塑性铰，以避免耗能体系的混乱。支座的滑动效应、限位装置的非线性特性对地震响应的影响较大，因此抗震分析时需考虑。

3.4.5 地震作用下，连续梁桥固定支座水平抗震能力不满足本规范的要求时，可通过计算设置连接梁体和墩柱间的剪力键，由剪力键承受支座所受水平地震力，或按本规范第 10 章的要求进行减隔震设计。

条文说明

纵向地震作用下，多跨连续梁桥的固定支座一般要承受较大的水平地震力，可能出现支座不能满足抗震验算要求的情况。对于这种情况，如固定墩及固定墩基础具有足够的抗震能力，能满足相关的抗震性能要求，可以通过计算设置剪力键，由剪力键承受支座所受水平地震力。

3.4.6 一般情况下，多跨桥梁的桥台不宜作为抵抗梁体地震惯性力的构件，桥台处宜采用活动支座，桥台上的横向抗震挡块宜设计为在 E2 地震作用下可以损伤。如需利用桥台承担部分梁体地震惯性力，则应进行专门研究和设计。

条文说明

顺桥向，对于连续梁桥或多跨简支梁桥，我国一般都在桥台处设置纵向活动支座。因此，顺桥向地震作用下，梁体纵向地震惯性力主要由桥墩承受。横桥向，如在桥台处设置横向抗震挡块，横桥向地震作用下，梁体地震惯性力按墩、台水平刚度分配，由于刚度大，桥台将承受较大的横向地震惯性力。因此桥台上的横向挡块宜设计为在 E2 地震作用下可以破坏，以减小桥台所受横向地震力。对于单跨简支梁桥，通常在桥台处采用板式橡胶支座，使两侧桥台共同承担水平地震力。

3.4.7 当 B 类和 C 类梁桥抗震体系不能满足本规范第 3.4.2 条对结构抗震体系的要求时，应进行专门研究，结构在地震作用下的性能必须满足本规范表 3.1.2 的要求。

3.5 抗震概念设计

3.5.1 根据工程场地条件，应按本规范第 4 章的相关要求，选择合适的桥位。在场地地质条件不连续、地震时地基可能产生较大相对位移的地段，不宜修建拱桥。在液化场地或软弱土层场地，桥梁基础应穿过液化土层或软土层。

条文说明

震害经验表明，拱桥对地基的相对位移很敏感，地震时如地基产生较大相对位移，可能导致桥梁整体垮塌，因此，在这种地段，不宜选择修建拱桥。在液化场地或软弱土层场地，为避免地震时因地基失效而导致桥梁倾斜或垮塌，桥梁基础应穿过液化土层或软土层。

3.5.2 一般情况下，桥梁应采用对称的结构形式和均匀的布置方案。

条文说明

采用对称的结构形式和均匀的布置方案，使桥梁结构刚度和质量对称、均衡分布，有利于桥梁结构各部分共同承担水平地震力。

3.5.3 梁式桥一联内桥墩的刚度比宜满足下列要求：

1　任意两桥墩的水平向抗推刚度比：

桥面等宽：

$$\frac{k_i^e}{k_j^e} \geq 0.5 \qquad (3.5.3\text{-}1)$$

桥面变宽：

$$2 \geq \frac{k_i^e m_j}{k_j^e m_i} \geq 0.5 \qquad (3.5.3\text{-}2)$$

2　相邻桥墩的水平向抗推刚度比：

桥面等宽：

$$\frac{k_i^e}{k_j^e} \geq 0.75 \qquad (3.5.3\text{-}3)$$

桥面变宽：

$$1.33 \geq \frac{k_i^e m_j}{k_j^e m_i} \geq 0.75 \qquad (3.5.3\text{-}4)$$

式中：k_i^e，k_j^e——分别为第 i 和第 j 桥墩考虑支座刚度后计算出的组合刚度（含顺桥向和横桥向），$k_j^e \geq k_i^e$；

m_i，m_j——分别为第 i 和第 j 桥墩墩顶考虑墩身换算质量和盖梁换算质量的等效梁体质量。

条文说明

刚度和质量均衡分布是桥梁抗震设计理念中最重要的一条。对于上部结构连续的桥梁，各桥墩高度宜尽可能相近。对于相邻桥墩高度相差较大导致刚度相差较大的情况，水平地震力在各墩间的分配一般不理想，刚度大的墩将承受较大的水平地震力，同时，刚度小的墩将会有较大的墩顶位移，从而使上部结构产生偏转并导致墩柱承受扭矩，因此将严重影响结构的整体抗震能力。美国在 20 世纪 90 年代，通过对实际桥梁震害的调查和分析研究，认识到了刚度和质量均衡分布的重要性，并开展了系统研究，相关研究成果写进了 CALTRANS 桥梁抗震设计规范和 AASHTO 桥梁抗震设计规范。本条引用了 CALTRANS（2013 版）桥梁抗震设计规范的相关条款。

3.5.4 多联梁式桥相邻联的基本周期比宜满足式（3.5.4）的要求。

$$\frac{T_i}{T_j} \geq 0.7 \tag{3.5.4}$$

式中：T_i，T_j——分别为第 i 联和第 j 联的基本周期（含顺桥向和横桥向），$T_i \leq T_j$。

条文说明

梁式桥相邻联周期相差较大时，在地震作用下会产生相邻联的非同向振动，从而导致伸缩缝处相邻梁体间产生较大的相对位移或产生伸缩缝碰撞。为减小相邻联的非同向振动，美国 CALTRANS 桥梁抗震设计规范和 AASHTO 桥梁抗震设计规范给出了相关规定。本条引用了 CALTRANS（2013 版）桥梁抗震设计规范的相关条款。

3.5.5 梁式桥一联内各桥墩刚度相差较大或相邻联基本周期相差较大时，宜采用下列方法调整一联内各墩刚度比和相邻联周期比：

1 顺桥向各桥墩刚度相差较大时，在各墩顶设置剪切刚度合理的橡胶支座，来调整各墩的等效刚度。

2 改变墩柱尺寸或构造形式。

条文说明

为保证桥梁刚度和质量的均衡分布，设计时优先考虑等跨径、等墩高、等桥面宽度的结构形式。如受条件限制不能均衡布置，也可以通过调整墩柱截面尺寸和支座等方法来改善桥梁刚度和质量的分布。调整支座参数是最简单易行的办法，效果也很显著。采用橡胶支座时，由墩和支座构成的串联体系的水平刚度 k_t 为：

$$k_t = \frac{k_z k_p}{k_z + k_p} \tag{3-1}$$

式中：k_p——桥墩的水平刚度；

k_z——橡胶支座的剪切刚度。

由式（3-1）可以看出，调整支座的刚度，可以使各墩位处的刚度更为均衡。由于水平地震力是根据各墩串联体系的水平刚度按比例进行分配的，因此，通过调整支座刚度，可以有效调整水平地震力在各墩间的分配。

3.5.6 梁式桥的矮墩不宜设置固定支座，宜设置活动支座或板式橡胶支座。

3.5.7 双柱墩或多柱墩在横桥向地震作用下，盖梁的抗震设计应考虑盖梁可能会出现正负弯矩交替作用的情况。

3.6 作用效应组合

3.6.1 公路桥梁抗震设计应考虑下列作用效应：
1 永久作用，包括结构重力（恒载）、预应力、土压力、水压力。
2 地震作用，包括地震动的作用和地震土压力、动水压力等。
3 在进行支座等墩梁连接构件抗震验算时，还应计入50%的均匀温度作用效应。

条文说明

由于地震发生概率很小，持续时间也很短，参考美国、日本和欧洲桥梁抗震设计规范的处理方法，本规范未考虑与活载的组合。

3.6.2 作用效应组合应包括本规范第3.6.1条的各种作用效应的最不利组合。作用效应的组合系数应取1.0；当有特殊规定时，组合系数应按相关规定取值。

4 场地、地基和基础

4.1 场地

4.1.1 桥位选择应在工程地质勘察和专项工程地质、水文地质调查的基础上，按地质构造的活动性、边坡稳定性和场地的地质条件等进行综合评价。应查明对公路桥梁抗震有利、一般、不利和危险的地段。宜充分利用对公路桥梁抗震有利的地段。

条文说明

  抗震有利地段一般是指建设场地及其邻近无晚近期活动性断裂，地质构造相对稳定，同时地基为比较完整的岩体、坚硬土或开阔平坦密实的中硬土等的地段。

  抗震一般地段是指除抗震有利、不利和危险地段以外的其他地段。

  抗震不利地段一般是指软弱黏性土层、液化土层和地层严重不均匀的地段；地形陡峭、孤突，岩土松散、破碎的地段；地下水位埋藏较浅、地表排水条件不良的地段。严重不均匀地层是指岩性、土质、层厚、界面等在水平方向变化很大的地层。

  抗震危险地段一般是指地震时可能发生滑坡、崩塌的地段；地震时可能塌陷的地段、溶洞等岩溶地段和已采空的矿穴地段，河床内基岩具有倾向河槽的构造软弱面被深切河槽所切割的地段，发震断裂、地震时可能坍塌而中断交通的各种地段。

4.1.2 场地岩土工程勘察，应根据实际需要划分对桥梁抗震有利、一般、不利和危险的地段，提供场地类别和岩土地震稳定性（含滑坡、崩塌、液化和震陷特性）评价。对需要采用时程分析法计算的桥梁，尚应根据设计要求提供土层剖面、场地覆盖层厚度和抗震计算必需的动力参数。

条文说明

  本条规定参考《建筑抗震设计规范》（GB 50011—2010）第4.1.9条制定，对岩土工程勘察包括地震安全性评价的工作内容作出规定。

4.1.3 在抗震不利地段布设桥位时，宜对地基采取适当抗震加固措施。在软弱黏性土层、液化土层和严重不均匀地层上，不宜修建大跨径超静定桥梁和其他对地基不均匀变形敏感的桥梁。

4.1.4 公路桥梁宜绕避抗震危险地段，当 C 类桥梁中的大桥和特大桥、B 类桥梁、A 类桥梁必须通过抗震危险地段时，应在工程场地地震安全性评价的基础上研究制定相应的对策。

4.1.5 对地震时可能因发生滑坡、崩塌而造成堰塞湖的地段，应估计其淹没和溃决的影响范围，合理确定路线的高程，选定桥位。当可能因发生滑坡、崩塌而改变河流流向、影响岸坡和桥梁墩台以及路基的安全时，应采取应对措施。

4.1.6 桥梁工程场地土层剪切波速应按下列要求确定：
1 A 类和 B 类桥梁，可通过现场实测确定。现场实测时钻孔数量应满足下列要求：中桥不少于 1 个，大桥不少于 2 个，特大桥宜适当增加。
2 C 类和 D 类桥梁，当无实测剪切波速时，可根据岩土名称和性状按表 4.1.6 划分土的类型，并结合当地经验，在表 4.1.6 的范围内估计各土层的剪切波速。

表 4.1.6 土的类型划分和剪切波速范围

土的类型	岩土名称和性状	土层剪切波速 v_s 范围（m/s）
岩石	坚硬、较硬且完整的岩石	$v_s > 800$
坚硬土或软质岩石	破碎和较破碎的或软和较软的岩石，密实的碎石土	$800 \geq v_s > 500$
中硬土	中密、稍密的碎石土，密实、中密的砾、粗（中）砂，$f_{a0} > 150\text{kPa}$ 的黏性土和粉土，坚硬黄土	$500 \geq v_s > 250$
中软土	稍密的砾、粗（中）砂，除松散砂外的细、粉砂，$f_{a0} \leq 150\text{kPa}$ 的黏性土和粉土，$f_{a0} > 130\text{kPa}$ 的填土，可塑黄土	$250 \geq v_s > 150$
软弱土	淤泥和淤泥质土，松散的砂，新近沉积的黏性土和粉土，$f_{a0} \leq 130\text{kPa}$ 的填土，流塑黄土	$v_s \leq 150$

注：f_{a0} 为由荷载试验等方法得到的地基承载力基本容许值（kPa）。

条文说明

一般情况下，A 类桥梁工程场地土层剪切波速的现场实测工作属于其工程场地地震安全性评价的工作内容之一。

4.1.7 工程场地覆盖层厚度应按下列要求确定：
1 一般情况下，应按地面至剪切波速大于 500m/s 且其下卧各层岩土剪切波速均不小于 500m/s 的土层顶面的距离确定。
2 地面 5m 以下存在剪切波速大于相邻上层土剪切波速 2.5 倍的土层，且其下卧各层岩土剪切波速均不小于 400m/s 时，可按地面至该土层顶面的距离确定。

3 剪切波速大于500m/s的孤石、透镜体，应视同周围土层。
4 土层中的火山岩硬夹层应视为刚体，其厚度应从覆盖土层中扣除。

条文说明

本条规定参考《建筑抗震设计规范》（GB 50011—2010）的有关规定，作了少量修订。

4.1.8 土层平均剪切波速应按式（4.1.8-1）、式（4.1.8-2）计算：

$$v_{se} = \frac{d_0}{t} \tag{4.1.8-1}$$

$$t = \sum_{i=1}^{n}\left(\frac{d_i}{v_{si}}\right) \tag{4.1.8-2}$$

式中：v_{se}——土层平均剪切波速（m/s）；
　　　d_0——计算深度（m），取覆盖层厚度和20m二者的较小值；
　　　t——剪切波在地面至计算深度之间的传播时间（s）；
　　　d_i——计算深度范围内第i土层的厚度（m）；
　　　v_{si}——计算深度范围内第i土层的剪切波速（m/s）；
　　　n——计算深度范围内土层的分层数。

4.1.9 桥梁工程场地类别，应根据土层平均剪切波速和场地覆盖土层厚度，按表4.1.9的规定划分为四类，其中Ⅰ类分为I_0、I_1两个亚类。

表4.1.9 桥梁工程场地类别划分

岩石的剪切波速或土层平均剪切波速（m/s）	场地类别				
	I_0	I_1	Ⅱ	Ⅲ	Ⅳ
$v_s > 800$	0				
$800 \geq v_s > 500$		0			
$500 \geq v_{se} > 250$		<5	≥5		
$250 \geq v_{se} > 150$		<3	3～50	>50	
$v_{se} \leq 150$		<3	3～15	>15，≤80	>80

注：表中数据为场地覆盖土层厚度（m），v_s为岩石的剪切波速。

条文说明

本条规定参考《建筑抗震设计规范》（GB 50011—2010）的有关规定，作了文字修订。将该标准中"等效剪切波速"改为平均剪切波速，含义相同，物理意义更明确。

4.1.10 桥梁工程场地范围内有发震断裂时，应对断裂的工程影响进行评价。
1 当符合下列条件之一时，可不考虑发震断裂错动对桥梁的影响：

1）抗震设防烈度小于Ⅷ度；
2）非全新世活动断裂；
3）抗震设防烈度为Ⅷ度和Ⅸ度时，前第四纪基岩隐伏断裂的土层覆盖厚度分别大于60m和90m。

2 当不能满足上述第1款条件时，宜采取下列措施：
1）A类桥梁宜避开主断裂，抗震设防烈度为Ⅷ度和Ⅸ度地区，其避开主断裂的距离即桥墩边缘至主断裂带外缘的距离分别不宜小于300m和500m；
2）A类以下桥梁宜采用跨径较小、便于修复的结构；
3）当桥位无法避开发震断裂时，宜将全部墩台布置在断层的同一盘（最好是下盘）上；当不能将全部墩台布置在断层的同一盘时，宜进行专项研究。

条文说明

对构造物附近范围发震断裂的工程影响进行评价，是地震安全性评价的内容，对于本规范没有要求进行工程场地地震安全性评价的桥梁工程，可以结合场地工程地质勘察的评价，按本条规定采取措施。在此处，发震断裂的工程影响主要是指发震断裂引起的地表破裂对工程结构的影响。对这种瞬时产生的地表错动还没有经济、有效的工程构造措施，主要靠避让来减轻危险性。国外有报道称，某些具有坚固基础的建筑物曾成功地抵抗住或转移了数英寸的地表破裂，结构物未发生破坏（Youd，1989），指出优质配筋的筏式基础和内部拉接坚固的基础效果最好，可供设计者参考。

（1）实际发震断裂引起的地表破裂与地震烈度没有直接的关系，而是与地震的震级有一定的相关性。从目前积累的资料看，6级以下的地震引起地表破裂的仅有一例，所以本条所提的"抗震设防烈度小于Ⅷ度"，实质是指地震的震级小于6级。设计人员很难判断工程所面临的未来地震震级，地震烈度可以直接从地震区划图上查到。本条的提法，便于设计人员使用。

（2）在活动断层调查中取得断层物质（断层泥、糜棱岩）及上覆沉积物样本，可以根据已有的一些方法（C14、热释光等）测试断层最新活动年代。显然，活动断层和发震断裂，尤其是发生6级以上地震的断裂，并不完全一样，从中鉴别需要专门的工作。为了便于设计人员使用，根据国内的资料和研究成果，此处排除了全新世以前活动断裂上发生6级以上地震的可能性，对于一般的公路工程大体上是可行的。

（3）覆盖土层的变形可以"吸收"部分下伏基岩的错动量，是指土层地表的错动会小于下伏基岩顶面错动的事实。显然，这种"吸收"的程度与土层的工程性质和厚度有关。各场地土层的结构和土质条件往往会有不同，有的差别很大，目前规范中不能一一规定，只能就平均情况大体上规定一个厚度。如上所述，此处提到的地震烈度Ⅷ度和Ⅸ度实质上是指震级为6级和6.7级，基岩顶面的错动量随地震震级的增加会有增大，数值大约在1m至若干米，土层厚度到底多大才能使地表的错动量减小到对工程结构没有显著影响，这是一个正在研究中的问题。数值60m和90m，是根据最近一次大型离心机模拟试验的结果归纳的，也得到一些数值计算结果的支持。

避开主断裂距离为桥墩边缘至主断裂边缘分别为300m和500m，主要的依据是国内外地震断裂破裂宽度的资料，取值偏于保守。在受各种客观条件限制，难以避开数百米时，美国加州桥梁抗震设计规范的相关规定可供参考。美国加州规范的规定如下："一般而言，场地的避让距离应由负责场地勘察的岩土工程师与主管建筑和规划的专业人员协商确定。有足够的地质资料可以准确地确定活断裂迹线的地区，且地形并不复杂时，避让距离可规定为50英尺（约16m）。复杂的断裂带要求较大的避让距离。倾滑的断层，通常会在较宽且不规则的断裂带内产生多处破裂，上盘边缘受到的影响大、下盘边缘的扰动小，避让距离在下盘边缘可稍小，上盘边缘则应较大。某些断裂带包含如挤压脊和凹陷之类的局部构造，不能揭露清晰的断裂面或剪切破碎带，应由有资质的工程师和地质师专门研究，如保证基础能抗御可能的地面变形，可修建不重要的结构。"

当不能将全部墩台布置在断层的同一盘时，表明桥梁无法回避跨越发震断裂，但目前国内外尚无成熟的跨越发震断裂的工程措施，因此，这种情况下宜进行专项研究，以提出针对性的跨越发震断裂措施。

4.2 地基的液化

4.2.1 抗震设防烈度为Ⅶ度及Ⅶ度以上地区，存在饱和砂土或饱和粉土（不含黄土）的地基，应进行液化判别；存在液化土层的地基，应根据桥梁的抗震设防类别、地基的液化等级，结合具体情况采取相应的抗液化措施。

条文说明

本条规定主要依据液化场地的震害调查结果。许多资料表明在Ⅶ度以下地区即Ⅵ度区液化对公路桥梁造成的震害是比较轻的，因此本条规定Ⅶ度以下地区即Ⅵ度区的公路桥梁可不考虑液化影响。

4.2.2 存在饱和砂土或饱和粉土（不含黄土）的地基，下列条件均不符合时，可初步判别为可能液化或应考虑液化影响：

1 土层地质年代为第四纪晚更新世（Q_3）及其以前时，Ⅶ度、Ⅷ度地区可判为不液化。

2 粉土的黏粒（粒径小于0.005mm的颗粒）含量百分率，Ⅶ度、Ⅷ度和Ⅸ度分别不小于10、13和16时，可判为不液化土。

3 天然地基的桥梁，当上覆非液化土层厚度和地下水位深度符合下列条件之一时，可不考虑液化影响：

$$d_u > d_0 + d_b - 2 \quad (4.2.2\text{-}1)$$

$$d_w > d_0 + d_b - 3 \quad (4.2.2\text{-}2)$$

$$d_u + d_w > 1.5d_0 + 2d_b - 4.5 \quad (4.2.2\text{-}3)$$

式中：d_w——地下水位深度（m），宜按设计基准期内年平均最高水位采用，也可按近期内年最高水位采用；

d_u——上覆非液化土层厚度（m），计算时宜将淤泥和淤泥质土层扣除；

d_b——基础埋置深度（m），不超过2m时应采用2m；

d_0——液化土特征深度（m），可按表4.2.2采用。

表4.2.2 液化土特征深度（m）

饱和土类别	Ⅶ度	Ⅷ度	Ⅸ度
粉土	6	7	8
砂土	7	8	9

条文说明

用于液化判别的黏粒含量是采用六偏磷酸钠作为分散剂测定的，采用其他方法时需按有关规定换算。

本次修订对条文的表述进行了调整。08细则的条文表述着重于初步判别为不液化或可不考虑液化影响的情景，但从上下文看，该初步判别后，并不需要做进一步判别；相反，当初步判别为可能液化或应考虑液化影响时，下文条款要求做进一步判别。因此，为使上下文表述一致，在条文表述上调整为强调初步判别为可能液化或应考虑液化影响的情景。

4.2.3 当初步判别认为需进一步进行液化判别时，应采用标准贯入试验判别法判别地面下15m深度范围内土的液化；当采用桩基或埋深大于5m的基础时，尚应判别15~20m范围内土的液化。当饱和土标准贯入锤击数（未经杆长修正）小于液化判别标准贯入锤击数临界值N_{cr}时，应判为液化土。当有成熟经验时，也可采用其他判别方法。

1 在地面下15m深度范围内，液化判别标准贯入锤击数临界值可按式（4.2.3-1）计算：

$$N_{cr} = N_0[0.9 + 0.1(d_s - d_w)]\sqrt{\frac{3}{\rho_c}}(d_s \leq 15) \quad (4.2.3\text{-}1)$$

2 在地面下15~20m范围内，液化判别标准贯入锤击数临界值可按式（4.2.3-2）计算：

$$N_{cr} = N_0(2.4 - 0.1d_w)\sqrt{\frac{3}{\rho_c}}(15 < d_s \leq 20) \quad (4.2.3\text{-}2)$$

式中：N_{cr}——液化判别标准贯入锤击数临界值；

N_0——液化判别标准贯入锤击数基准值，应按表4.2.3采用；

d_s——饱和土标准贯入点深度（m）；

ρ_c——黏粒含量（%），当小于3%或为砂土时，应采用3%。

表 4.2.3 标准贯入锤击数基准值 N_0

区划图上的特征周期（s）	Ⅶ度	Ⅷ度	Ⅸ度
0.35	6（8）	10（13）	16
0.40、0.45	8（10）	12（15）	18

注：1. 特征周期根据场地位置在现行《中国地震动参数区划图》（GB 18306）上查取。
　　2. 括号内数值用于设计基本地震动加速度为 $0.15g$ 和 $0.30g$ 的地区。

4.2.4 对存在液化土层的地基，应探明各液化土层的深度和厚度，按式（4.2.4）计算每个钻孔的液化指数，并按表 4.2.4 综合划分地基的液化等级。

$$I_{lE} = \sum_{i=1}^{n}\left(1 - \frac{N_i}{N_{cri}}\right)d_i W_i \tag{4.2.4}$$

式中：I_{lE}——液化指数；
　　　n——在判别深度范围内每一个钻孔标准贯入试验点的总数；
　N_i，N_{cri}——分别为 i 点标准贯入锤击数的实测值和临界值，实测值大于临界值时应取临界值；
　　　d_i——i 点所代表的土层厚度（m），可采用与该标准贯入试验点相邻的上、下两标准贯入试验点深度差的一半，但上界不高于地下水位深度，下界不深于液化深度；
　　　W_i——i 土层单位土层厚度的层位影响权函数值（m^{-1}），若判别深度为 15m，当该层中点深度不大于 5m 时应采用 10，等于 15m 时应采用零值，5～15m 时应按线性内插法取值；若判别深度为 20m，当该层中点深度不大于 5m 时应采用 10，等于 20m 时应采用零值，5～20m 时应按线性内插法取值。

表 4.2.4 地基的液化等级

液化等级	轻微	中等	严重
判别深度为 15m 的液化指数	$0 < I_{lE} \leq 5$	$5 < I_{lE} \leq 15$	$I_{lE} > 15$
判别深度为 20m 的液化指数	$0 < I_{lE} \leq 6$	$6 < I_{lE} \leq 18$	$I_{lE} > 18$

条文说明

　　本条提供了一个简化的预估液化危害的方法，可对场地的喷水冒砂程度、一般浅基础工程结构物的可能损坏做粗略的预估，以便为采取工程措施提供依据。液化等级分为轻微、中等、严重三级，各级的液化指数、地面喷水冒砂情况以及对结构物危害程度的描述见表 4-1，此表是根据我国百余个液化震害资料得出的。

表 4-1 液化等级对结构物的相应危害程度

液化等级	判别深度为 15m 的液化指数	地面喷水冒砂情况	对结构物的危害情况
轻微	$0 < I_{lE} \leq 5$	地面无喷水冒砂，或仅在洼地、河边有零星的喷水冒砂点	危害性小，一般不致引起明显的震害
中等	$5 < I_{lE} \leq 15$	喷水冒砂可能性大，从轻微到严重都有，多属中级	危害性较大，可造成不均匀沉陷和开裂，有时不均匀沉陷可能达到 200mm
严重	$I_{lE} > 15$	一般喷水冒砂都很严重，或仅在洼地，地面变形很明显	危害性大，不均匀沉陷可能大于 200mm，高重心结构物可能产生不容许的倾斜

4.2.5 抗液化措施应根据桥梁抗震设防类别及地基的液化等级按表 4.2.5 确定。

表 4.2.5 抗液化措施

桥梁抗震设防类别	地基的液化等级		
	轻微	中等	严重
B 类	部分消除液化沉陷，或对基础和上部结构进行处理	全部消除液化沉陷，或部分消除液化沉陷且对基础和上部结构进行处理	全部消除液化沉陷
C 类	对基础和上部结构进行处理，也可不采取措施	基础和上部结构进行处理，或采取更高要求的措施	全部消除液化沉陷，或部分消除液化沉陷且对基础和上部结构进行处理
D 类	可不采取措施	可不采取措施	对基础和上部结构进行处理，或采取其他经济的措施

注：A 类桥梁的地基抗液化措施应进行专门研究，但不应低于 B 类桥梁的相应要求。

条文说明

抗液化措施是对液化地基的综合治理。本条根据桥梁抗震设防类别和地基液化等级，提出地基的抗液化措施要求。

4.2.6 全部消除地基液化沉陷的措施应符合下列规定：

1 采用桩基时，桩端伸入液化深度以下稳定土层中的长度（不包括桩尖部分），应按计算确定。

2 采用深基础时，基础底面应埋入液化深度以下的稳定土层中，其深度不应小于 2m。

3 采用加密法（如振冲、振动加密、挤密碎石桩、强夯等）加固时，应处理至液化深度下界，且处理后复合地基的标准贯入锤击数不宜小于按本规范第 4.2.3 条确定的液化判别标准贯入锤击数临界值。

4 采用换土法时，应用非液化土替换全部液化土层。
5 采用加密法或换土法处理时，在基础边缘以外的处理宽度，应超过基础底面下处理深度的1/2且不小于基础宽度的1/5。

4.2.7 部分消除地基液化沉陷的措施应符合下列规定：
1 处理深度应使处理后的地基液化指数减小，其值不宜大于5。
2 加固后复合地基的标准贯入锤击数不宜小于按本规范第4.2.3条确定的液化判别标准贯入锤击数临界值。
3 基础边缘以外的处理宽度，应符合本规范第4.2.6条第5款的规定。

4.2.8 减轻液化影响的基础和上部结构处理，可综合采取下列措施：
1 选择合适的基础埋置深度。
2 调整基础底面积，减少基础偏心。
3 加强基础的整体性和刚度。
4 减轻荷载，增强上部结构的整体刚度和均匀对称性，避免采用对不均匀沉陷敏感的结构形式等。

条文说明

4.2.6~4.2.8 规定了消除液化震陷和减轻液化影响的具体措施，这些措施都是在震害调查和分析判断的基础上提出来的。

对地基中的可液化土层，查明其分布范围，分析其危害程度，根据工程实际情况，选择合理工程措施。具体工程措施很多，从本质上可以归纳为以下几方面：改变可液化土的性质，使其不具备液化条件，如采用振冲加固或挤密碎石桩加固后构成复合地基等；改善排水条件，限制地震时孔隙水压力的产生和增长；置换可液化地基土；越过可液化地基土层，如采用桩基础；围封可液化地基，消除或减轻液化破坏的危害性。

条文中规定的是较常用的方法。若液化土层埋深浅，工程量小，可采用挖除换土法，该方法造价低、施工快、处治彻底、不留后患。强夯法也多有采用，加密深度可达10m以上。

4.2.9 液化等级为中等和严重的古河道、现代河滨、海滨，当存在液化侧向扩展或流滑可能时，在距常水位线100m以内修建的A类和B类桥梁，应进行抗滑动验算，必要时应采取防止土体滑动的措施。

条文说明

本条规定了有可能发生液化侧向扩展或流动时滑动土体的最危险范围，并要求采取土体抗滑措施。

（1）液化侧向扩展地段的宽度来自我国海城地震、唐山地震及日本阪神地震对液化侧扩区的大量调查。根据对阪神地震的调查，在距水位线50m范围内，水平位移及竖向位移均很大；在50～150m范围内，水平地面位移仍较显著；大于150m以后水平位移趋于减小，基本不构成震害。上述调查结果与我国海城地震、唐山地震后的调查结果基本一致：海河故道、滦运河、新滦河、陡河岸坡滑坍范围约距水位线100～150m，辽河、黄河等则可达500m。

（2）侧向流动土体对结构的侧向推力，根据日本阪神地震后对受害结构的反算结果得到：

① 非液化上覆土层施加于结构的侧压相当于被动土压力，破坏土楔的运动方向是土楔向上滑而楔后土体向下，与被动土压力发生时的运动方向一致；

② 液化层中的侧压相当于竖向总压的1/3；

③ 桩基承受侧压的面积相当于垂直于流动方向的桩排的宽度。

4.3 地基承载力

4.3.1 地基抗震验算时，应采用地震作用效应与永久作用效应组合。

4.3.2 地基抗震承载力容许值应按式（4.3.2）计算：

$$[f_{aE}] = K[f_a] \tag{4.3.2}$$

式中：$[f_{aE}]$——调整后的地基抗震承载力容许值（kPa）；

K——地基抗震容许承载力调整系数，应按表4.3.2取值；

$[f_a]$——深宽修正后的地基承载力容许值（kPa），应按现行《公路桥涵地基与基础设计规范》（JTG 3363）的规定采用。

表4.3.2 地基抗震容许承载力调整系数

岩土名称和性状	K
岩石，密实的碎石土，密实的砾、粗（中）砂，f_{a0}≥300kPa的黏性土和粉土	1.5
中密、稍密的碎石土，中密和稍密的砾、粗（中）砂，密实和中密的细、粉砂，150kPa≤f_{a0}<300kPa的黏性土和粉土，坚硬黄土	1.3
稍密的细、粉砂，100kPa≤f_{a0}<150kPa的黏性土和粉土，可塑黄土	1.1
淤泥，淤泥质土，松散的砂，杂填土，新近堆积黄土及流塑黄土	1.0

注：f_{a0}是由荷载试验等方法得到的地基承载力基本容许值（kPa）。

条文说明

由于地震作用属于偶然的瞬时荷载，地基土在短暂的瞬时荷载作用下，可以取用较高的容许承载力。世界上大多数国家的抗震规范和我国其他规范，在验算地基的抗震强度时，对于抗震容许承载力的取值，大多采用在静力设计容许承载力的基础上乘以调整系数来提高。

4.3.3 验算地基抗震承载力时，基础底面平均压应力和边缘最大压应力应满足式（4.3.3-1）和式（4.3.3-2）的要求：

$$p \leqslant [f_{aE}] \quad (4.3.3\text{-}1)$$

$$p_{max} \leqslant 1.2[f_{aE}] \quad (4.3.3\text{-}2)$$

式中：p——基础底面平均压应力（kPa）；

p_{max}——基础底面边缘的最大压应力（kPa）。

条文说明

本条规定参考《建筑抗震设计规范》（GB 50011—2010）的有关规定制定。

4.3.4 液化土层及以上土层的地基承载力不应按本规范第4.3.2条的规定调整。在验算液化土层以下地基承载力时，应计入液化土层及以上土层重力。

4.4 桩基础

4.4.1 非液化地基的桩基，进行抗震验算时，E1地震作用下，端承桩的地基抗震容许承载力调整系数可取1.5，摩擦桩的地基抗震容许承载力调整系数可根据地基土类别按本规范表4.3.2取值。E2地震作用下，单桩的抗压承载能力可提高至非抗震设计时的2倍，单桩的抗拉承载能力调整系数可根据地基土类别按本规范表4.3.2取值。

条文说明

由于E2地震重现期长，极少发生，同时地震作用属于瞬时荷载，地基在短暂的地震荷载作用下，可以直接取用其极限承载力，而不再考虑安全系数，因此单桩的抗压承载力可以提高至原来的2倍。

4.4.2 当地基内有液化土层时，液化土层的承载力（包括桩侧摩阻力）、土抗力（地基系数）、内摩擦角和黏聚力等，可根据液化抵抗系数 C_e [计算见式（4.4.2）] 予以折减。折减系数 α 应按表4.4.2采用。液化土层以下单桩部分的承载能力，可按本规范第4.4.1条的规定执行；液化土层内及以上部分单桩承载能力不应提高。

$$C_e = \frac{N_1}{N_{cr}} \quad (4.4.2)$$

式中：C_e——液化抵抗系数；

N_1，N_{cr}——分别为实际标准贯入锤击数和标准贯入锤击数临界值。

表 4.4.2 土层液化影响折减系数

C_e	d_s (m)	α
$C_e \leq 0.6$	$d_s \leq 10$	0
	$10 < d_s \leq 20$	1/3
$0.6 < C_e \leq 0.8$	$d_s \leq 10$	1/3
	$10 < d_s \leq 20$	2/3
$0.8 < C_e \leq 1.0$	$d_s \leq 10$	2/3
	$10 < d_s \leq 20$	1

注：d_s 为标准贯入点深度（m）。

4.4.3 桩基承台全部或局部处于液化土层中时，承台基坑应回填并夯实。回填土为砂土或粉土时，夯实后土层的标准贯入锤击数应不小于本规范第4.2.3条规定的液化判别标准贯入锤击数临界值。

5 地震作用

5.1 一般规定

5.1.1 地震作用可用设计加速度反应谱、设计地震动时程和设计地震动功率谱表征。

5.1.2 公路桥梁的地震作用，应按下列原则考虑：

1 一般情况下，公路桥梁可只考虑水平向地震作用，直线桥可分别考虑顺桥向 X 和横桥向 Y 的地震作用。

2 满足下列条件之一时，应同时考虑水平向和竖向地震作用。

1）A 类桥梁；

2）抗震设防烈度为Ⅸ度地区的桥梁；

3）抗震设防烈度为Ⅷ度地区且竖向地震作用引起的地震效应很显著的桥梁。

条文说明

在抗震设防烈度为Ⅷ度地区，拱式结构、长悬臂结构、大跨度结构以及其他一些特殊复杂结构对竖向地震作用可能较为敏感，应考虑竖向地震作用。

5.1.3 地震作用分量组合应满足下列要求：

1 采用反应谱法或功率谱法同时考虑三个正交方向（水平向 X、Y 和竖向 Z）的地震作用时，可分别单独计算 X 向地震作用在 i 计算方向产生的最大效应 E_{iX}、Y 向地震作用在 i 计算方向产生的最大效应 E_{iY} 与 Z 向地震作用在 i 计算方向产生的最大效应 E_{iZ}。在 i 计算方向总的设计最大地震作用效应 E_i 按式（5.1.3）求取：

$$E_i = \sqrt{E_{iX}^2 + E_{iY}^2 + E_{iZ}^2} \tag{5.1.3}$$

2 当采用时程分析法时，应同时输入两个或三个方向分量的一组地震动时程计算地震作用效应。

条文说明

本条对地震作用的分量组合做出了规定。

采用反应谱法或功率谱法同时考虑水平向 X、Y 与竖向 Z 的地震作用时，可分别计算水平向 X、Y 与竖向 Z 地震作用下的效应，其总的地震作用效应按本条规定进行组合。对不需要考虑竖向地震作用的情况，按竖向地震作用效应为 0 处理。

5.1.4 A 类桥梁、抗震设防烈度为Ⅸ度地区的 B 类桥梁，应根据专门的工程场地地震安全性评价确定地震作用。抗震设防烈度为Ⅷ度地区的 B 类桥梁，宜根据专门的工程场地地震安全性评价确定地震作用。工程场地地震安全性评价应满足下列要求：

1 当桥梁一联内场地存在地质不连续或地形特征可能造成各桥墩的地震动参数显著不同，或桥梁一联总长超过 600m 时，宜采用多点非一致激励考虑地震动的空间变化，包括波传播效应、相干效应和不同塔、墩基础的场地差异。也可采用等效一致激励，取场地包络反应谱或包络功率谱。

2 桥梁工程场地距有发生 6.5 级以上地震潜在危险的断裂 30km 以内时，应给出三个方向平动分量的地震动参数。A 类桥梁工程场地地震安全性评价应符合下列要求：考虑近断裂效应，包括上盘效应、破裂的方向性效应；注意设计加速度反应谱长周期段的可靠性；给出顺断裂走向和垂直断裂走向两个水平分量的地震动参数。B 类桥梁工程场地地震安全性评价中，应选定适当的设定地震，考虑近断裂效应。

条文说明

一般来讲，对做过地震安全性评价的桥梁工程场地，其地震作用由地震安全性评价的结果确定，对未做地震安全性评价的桥梁工程场地，其地震作用按本章各节的规定确定。本条对必须做和宜做地震安全性评价的桥梁做出了规定。

（1）当桥梁在上部结构连续的一联内场地存在两种或两种以上的场地类别，或不同桥墩、桥台、桥塔场地的高程和覆盖层厚度相差很大，或桥梁一联总长超过 600m 时，可能导致不同桥墩、桥台、桥塔处的地震动差异较大，宜考虑地震动的空间变化。

考虑地震动空间变化影响时，各桥台和桥墩（或桥塔）输入的反应谱或功率谱可能不同。采用反应谱法分析考虑非一致激励有困难时，可近似采用等效一致激励，在每一个周期点取各桥台、桥墩和桥塔拟输入的反应谱的最大值，得到包络反应谱。采用功率谱分析，可采用包络功率谱或直接采用多点非一致激励。

（2）地震动观测数据表明，6 级以下的地震震源体不同方向的尺度对地震动分布的影响不是很明显，近断裂效应可以不考虑。更大地震的近断裂效应在 30km 以内十分显著，有必要考虑。

5.2 设计加速度反应谱

5.2.1 设计加速度反应谱 $S(T)$ 应由式（5.2.1）确定，如图 5.2.1 所示。

$$S(T) = \begin{cases} S_{\max}(0.6T/T_0 + 0.4) & T \leq T_0 \\ S_{\max} & T_0 < T \leq T_g \\ S_{\max}(T_g/T) & T_g < T \leq 10 \end{cases} \quad (5.2.1)$$

式中：T——周期（s）；
　　　T_0——反应谱直线上升段最大周期，取 0.1s；
　　　T_g——特征周期（s）；
　　　S_{max}——设计加速度反应谱最大值（g）。

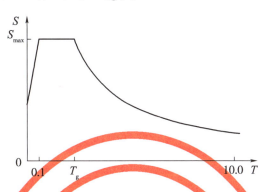

图 5.2.1　设计加速度反应谱

条文说明

桥梁抗震设计要求描述地震作用的设计加速度反应谱周期更长些。08 细则编制中的一项专题研究根据模拟和数字记录反应谱长周期段特征的比较，论证了设计反应谱周期范围可以扩展到 10s。通过 823 条水平向强地震动记录的统计分析指出，随着反应谱周期范围的扩展，一些抗震设计规范为了降低风险而规定设计反应谱的最小值或反应谱下降的速率减缓，会导致长周期段过分保守。设计反应谱按 T^{-1} 的速率下降是有足够安全保障的，没有必要再规定一段 T^{-2} 的下降段。式（5.2.1）采纳了该专题研究的建议，由 S_{max} 和 T_g 两个参数定义设计加速度反应谱。本次修订，本规范式（5.2.2）右侧的常数由原来的 2.25 改成了 2.5，为和该调整相适应，反应谱 0.1s 及以下的直线上升段计算公式也做了相应修订。

5.2.2　设计加速度反应谱最大值 S_{max} 应由式（5.2.2）确定：

$$S_{max} = 2.5 C_i C_s C_d A \quad (5.2.2)$$

式中：C_i——抗震重要性系数，应按本规范表 3.1.3-2 取值；
　　　C_s——场地系数，水平向和竖向应分别按表 5.2.2-1、表 5.2.2-2 取值；
　　　C_d——阻尼调整系数，应按本规范第 5.2.4 条确定；
　　　A——水平向基本地震动峰值加速度，应按本规范表 3.2.2 取值。

表 5.2.2-1　水平向场地系数 C_s

场地类别	抗震设防烈度					
	Ⅵ	Ⅶ		Ⅷ		Ⅸ
	0.05g	0.1g	0.15g	0.2g	0.3g	0.4g
I_0	0.72	0.74	0.75	0.76	0.85	0.9
I_1	0.80	0.82	0.83	0.85	0.95	1.00
Ⅱ	1.00	1.00	1.00	1.00	1.00	1.00
Ⅲ	1.30	1.25	1.15	1.00	1.00	1.00
Ⅳ	1.25	1.20	1.10	1.00	0.95	0.90

注：本表引自《中国地震动参数区划图》（GB 18306—2015）中的表 E.1。

表 5.2.2-2　竖向场地系数 C_s

场地类别	抗震设防烈度					
	Ⅵ	Ⅶ		Ⅷ		Ⅸ
	0.05g	0.1g	0.15g	0.2g	0.3g	0.4g
I_0	0.6	0.6	0.6	0.6	0.6	0.6
I_1	0.6	0.6	0.6	0.6	0.7	0.7
Ⅱ	0.6	0.6	0.6	0.6	0.7	0.8
Ⅲ	0.7	0.7	0.7	0.8	0.8	0.8
Ⅳ	0.8	0.8	0.8	0.9	0.9	0.8

条文说明

众所周知，场地条件对地震动的幅值、频谱都有显著的影响。美国根据 Loma Prieta 地震中大量强地震动观测数据，采用两个场地系数改进了设计加速度反应谱最大值和特征周期的规定。我国抗震设计规范一直没有作相应改进。08 细则根据一项专题研究得到的统计平均特征，参考美国 NEHRP 规范，率先规定按场地类别调整设计加速度反应谱最大值。考虑到我国第一次在抗震设计规范中采用场地系数，调整幅度保守一些。《中国地震动参数区划图》（GB 18306—2015）于 2016 年 6 月 1 日正式施行，其中也采纳了场地系数的概念，表 5.2.2-1 的数值直接采用了该标准推荐的表 E.1。

08 细则采用了谱比函数的方法规定竖向设计加速度反应谱，比用一个固定的比值有所改进。使用中，设计单位反映比较麻烦，在某些工况下短周期段还可能出现不合理的情况。此次修订，为便于使用，竖向设计反应谱采用与水平设计反应谱相同图形、相同公式，仅场地系数、特征周期采用不同的规定。表 5.2.2-2 的数值是根据一项专题研究的结果归纳的，表达了场地条件对竖向和水平向反应谱最大值之比的影响。

参照《中国地震动参数区划图》（GB 18306—2015）中基本地震动峰值加速度的定义，式（5.2.2）右侧的常数改取 2.5。实际上，上述 08 细则的专题研究就采用了相同的定义，当时称为 EPA。考虑到规范体系的延续性，经反复讨论，08 细则仍沿用 89

规范的 2.25，据此确定了各类桥梁的抗震重要性系数和与之相应的抗震设防标准。从汶川地震的震害调查数据及随后的研究成果来看，08 细则规定的抗震设防标准是合适的。但考虑到随着我国经济实力的快速提升，国家对抗震设防也提出了更高的要求，因此有必要适当提高抗震设防要求，以符合国家的大政方针。本次修订改用 2.5，相当于全面提高了抗震设防标准，是偏于安全的，从经济性来讲也是可以接受的，建设成本不会有大的提高。

5.2.3 设计加速度反应谱的特征周期 T_g 按桥梁工程场地所在地区，在现行《中国地震动参数区划图》（GB 18306）上查取后，应根据场地类别进行调整，水平向、竖向分量的特征周期应分别按表 5.2.3-1 和表 5.2.3-2 取值。

表 5.2.3-1 水平向设计加速度反应谱特征周期调整表

区划图上的特征周期（s）	场 地 类 别				
	I_0	I_1	II	III	IV
0.35	0.20	0.25	0.35	0.45	0.65
0.40	0.25	0.30	0.40	0.55	0.75
0.45	0.30	0.35	0.45	0.65	0.90

注：本表引自《中国地震动参数区划图》（GB 18306—2015）中的表 1。

表 5.2.3-2 竖向设计加速度反应谱特征周期调整表

区划图上的特征周期（s）	场 地 类 别				
	I_0	I_1	II	III	IV
0.35	0.15	0.20	0.25	0.30	0.55
0.40	0.20	0.25	0.30	0.35	0.60
0.45	0.25	0.30	0.40	0.50	0.75

条文说明

本规范采用了《建筑抗震设计规范》（GB 50011—2010）表 4.1.6 规定的场地类别划分方案，《中国地震动参数区划图》（GB 18306—2015）的附录 D 也采用了完全相同的场地类别划分方案，08 细则的 I 类场地，进一步分为 I_0 和 I_1 两类。表 5.2.3-1 直接引自《中国地震动参数区划图》（GB 18306—2015）的表 1，和《建筑抗震设计规范》（GB 50011—2010）的表 5.1.4-2 也是完全一致的。表 5.2.3-2 是根据本次修订的专题研究得到的竖向反应谱与水平向反应谱差别的统计特征归纳总结确定的。

5.2.4 除有专门规定外，结构的阻尼比 ξ 应取值 0.05。式（5.2.2）中的阻尼调整系数 C_d 应按式（5.2.4）取值：

$$C_d = 1 + \frac{0.05 - \xi}{0.08 + 1.6\xi} \geq 0.55 \qquad (5.2.4)$$

条文说明

本条规定直接引自《建筑抗震设计规范》（GB 50011—2010），式（5.2.4）取自该标准的式（5.1.5-3）。计算得到的阻尼调整系数 C_d 值小于 0.55 时，取 0.55。

5.3 设计地震动时程

5.3.1 已做地震安全性评价的桥梁工程场地，设计地震动时程应根据专门的工程场地地震安全性评价的结果确定。

5.3.2 未做地震安全性评价的桥梁工程场地，可根据本规范设计加速度反应谱，合成与其匹配的设计加速度时程；也可选用与设定地震震级、距离大体相近的实际地震动加速度记录，通过调整使其反应谱与本规范设计加速度反应谱相匹配，每个周期值对应的反应谱幅值的相对误差应小于 5% 或绝对误差应小于 $0.01g$。

5.3.3 设计加速度时程不应少于三组，且应保证任意两组间同方向时程由式（5.3.3）定义的相关系数 ρ 的绝对值小于 0.1。

$$|\rho| = \left| \frac{\sum_j a_{1j} \cdot a_{2j}}{\sqrt{\sum_j a_{1j}^2} \cdot \sqrt{\sum_j a_{2j}^2}} \right| \tag{5.3.3}$$

式中：a_{1j}，a_{2j}——时程 a_1 与 a_2 第 j 点的值。

条文说明

5.3.2、5.3.3 主要参考了《工程场地地震安全性评价》（GB 17741—2005）的有关规定，鉴于其中有些条文概括性较强，也参考了该规范前两个版本的具体规定。

5.4 设计地震动功率谱

5.4.1 已做地震安全性评价的桥梁工程场地，设计地震动功率谱应根据专门的工程场地地震安全性评价的结果确定。

5.4.2 未做地震安全性评价的桥梁工程场地，可根据设定地震的震级、距离，选用适当的衰减关系推算，也可根据设计加速度反应谱按式（5.4.2）估算（单边功率谱）：

$$S_a(\omega) = \frac{T\xi}{\pi^2} \frac{S^2(T)}{\ln\left[-\dfrac{T}{2T_d}\ln p\right]} \tag{5.4.2}$$

式中：S——反应谱值；

p——不超越概率，取 0.5；

T_d——地震持续时间（s），可取 20~30s；

ξ——阻尼比；

T——周期（s）；

ω——圆频率（rad/s），$\omega = 2\pi/T$。

条文说明

式（5.4.2）引自 Kaul（1978）提出的反应谱与功率谱的一个近似转换公式，其中不超越概率 p，Kaul 建议取 0.85。设计加速度反应谱是根据统计平均确定的，对应超越概率应为 50%，为与之协调，取值 0.5。功率谱法分析习惯上采用圆频率或频率表达地震动输入和结构响应的频谱特性，而反应谱法习惯上用周期表达地震动输入和周期的关系，具体实施时可根据圆频率（或频率）和周期的对应关系换算。

5.5 地震主动土压力和动水压力

5.5.1 采用延性抗震设计的桥梁，E1 地震作用抗震设计阶段，应考虑地震时动水压力和主动土压力的影响。当桥梁在 E2 地震作用下桥墩进入塑性后，可不考虑地震时动水压力和主动土压力的影响；当桥梁在 E2 地震作用下桥墩未进入塑性时，宜考虑地震时动水压力和主动土压力的影响。

条文说明

本条参考了日本桥梁抗震设计规范的相关规定。

5.5.2 地震主动土压力应按本规范附录 C 的规定计算。桥台后填土无黏性时，地震时作用于桥台台背的主动土压力也可按下列简化公式计算。

1 当判定桥台地表以下没有液化土层或软土层时，作用于桥台台背的主动土压力可按式（5.5.2-1）计算：

$$E_{ea} = \frac{1}{2}\gamma H^2 K_A \left(1 + \frac{3C_i A}{g}\tan\varphi\right) \quad (5.5.2\text{-}1)$$

式中：E_{ea}——地震时作用于台背每延米长度上的主动土压力（kN/m），其作用点位于距台底 $0.4H$ 处；

C_i——抗震重要性系数；

γ——台背土的重度（kN/m³）；

φ——台背土的内摩擦角（°）；

H——台身高度（m）；

K_A——无地震时作用于台背的主动土压力系数，按式（5.5.2-2）计算：

$$K_A = \frac{\cos^2\varphi}{(1+\sin\varphi)^2} \tag{5.5.2-2}$$

2 当判定桥台地表以下10m内有液化土层或软土层时，桥台基础应穿过液化土层或软土层；当液化土层或软土层超过10m时，桥台基础的埋深应达到或超过地表以下10m处。作用于桥台台背的主动土压力可按式（5.5.2-3）计算：

$$E_{ea} = \frac{1}{2}\gamma H^2(K_A + 2C_i A/g) \tag{5.5.2-3}$$

3 抗震设防烈度为Ⅸ度地区的液化区，桥台宜采用桩基。作用于台背的主动土压力可按式（5.5.2-3）计算。

条文说明

本规范附录C沿用了08细则附录D的规定，是08细则编写时一个专题研究的成果。在89规范中，地震土压力的计算依据1924年日本学者物部-冈部计算公式（简称M-O公式）的简化规定。M-O公式是在填土无黏性的假定下推导得出的，而工程实际中桥台填土往往会有一定黏聚性。在上述专题研究中，参照经典广义库仑土压力理论的推导，极限平衡中考虑了滑楔体的重力、滑裂面上的黏聚力、桥台与土体接触面上的黏着力、滑裂面上的反力和桥台台背的反作用力及滑裂楔体上的均布荷载等，推导得到的统一砂性土与黏性土地震土压力的计算公式。经进一步的简化，形式上与《水运工程抗震设计规范》（JTJ 225—1998）采用的黏性土地震土压力的计算式是一致的。经4个桥台实例试算，按本规范附录C规定的简化公式计算的地震土压力与按《水运工程抗震设计规范》（JTJ 225—1998）中公式计算的结果接近，且多在其与M-O公式之间。

5.5.3 对浸入水中的桥墩，在常水位以下部分，水深小于或等于5m时，抗震设计中可不考虑地震动水压力的影响。

条文说明

现有研究表明，水深不超过5m时，地震动水压力的影响很小。本次修订中，通过大量计算，也验证了水深不超过5m时，地震动水压力作用效应和其他作用效应相比，所占比例极小，可以不考虑其影响。

5.5.4 对浸入水中的桥墩，在常水位以下部分，水深大于5m时，地震动水压力对桥梁竖向的作用可不考虑，对桥梁水平方向的作用，应按附加质量法考虑。即在计算模型中，用附加在水下部分桥墩上的质量来表达动水压力作用效应，对浸入水中的桥墩水平方向总有效质量应按下列质量之和计算：

1 桥墩的实际质量（不考虑浮力）。
2 桥墩内部可能包围的水的质量（对空心墩）。
3 浸入水中桥墩的附加质量，单位长度水的附加质量，可按式（5.5.4-1）~式（5.5.4-3）估算：

圆形截面桥墩：

$$m_a = \rho \pi R^2 \tag{5.5.4-1}$$

式中：m_a——桥墩单位长度水的附加质量（kg/m）；
　　　ρ——水的密度（kg/m³）；
　　　R——桥墩截面半径（m）。

椭圆形截面桥墩［图5.5.4a)］：

$$m_a = \rho \pi (a_y^2 \cos^2\theta + a_x^2 \sin^2\theta) \tag{5.5.4-2}$$

式中：θ——水平向地震动输入方向与椭圆形截面X轴（长轴或短轴）的夹角；
　　　a_x，a_y——分别为椭圆形截面的X轴（长轴或短轴）和Y轴长度的一半（m）。

矩形截面桥墩［图5.5.4b)］：

$$m_a = k\rho \pi a_y^2 \tag{5.5.4-3}$$

式中：a_x，a_y——分别为矩形截面沿水平向地震动输入方向和垂直于输入方向的边长（m）；
　　　k——矩形截面桥墩附加质量系数，可按表5.5.4线性插值求取。

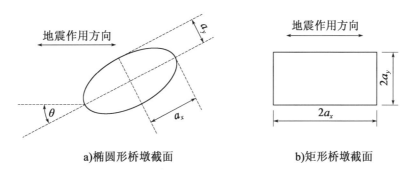

a) 椭圆形桥墩截面　　　　b) 矩形桥墩截面

图5.5.4　椭圆形及矩形桥墩截面尺寸定义

表5.5.4　矩形截面桥墩附加质量系数

a_y/a_x	0.1	0.2	0.5	1.0	2.0	5.0	10.0	20.0
k	2.23	1.98	1.70	1.51	1.36	1.21	1.14	1.00

条文说明

本条规定参照欧洲桥梁抗震设计规范2005版的相关规定制定，取消了08细则的相关规定，08细则沿用了89规范的规定，理论上来讲，也不够严谨。本次修订，对动水压力的影响进行了专题研究,结果表明,按附加质量法考虑动水压力的影响,墩底弯矩和墩底剪力比按 08 细则的规定计算均偏大,墩底剪力偏大更多,而且随着水深增加,偏差越大。所以,从结构安全和理论上的严谨性考虑,应偏保守地按附加质量法计算来考虑动水压力的影响。同时也考虑了按附加质量法计算动水压力的作用效应比其他作用效应小很多,各种作用效应组合后的结果增加也很有限,对建设成本的影响很小。

6 抗震分析

6.1 一般规定

6.1.1 本章适用于单跨跨径不超过 150m 的圬工或混凝土拱桥、下部结构为混凝土结构的梁桥等常规桥梁的抗震分析。对于墩高超过 40m、墩身在计算方向第一阶振型质量参与系数小于 60%，且结构进入塑性的高墩桥梁，应作专项研究。

条文说明

本规范从桥梁抗震设计角度定义的常规桥梁为单跨跨径不超过 150m 的圬工或混凝土拱桥、下部结构为混凝土结构的梁桥。对于墩高超过 40m、墩身在计算方向第一阶振型质量参与系数小于 60%，且结构进入塑性的高墩桥梁，其地震响应和墩柱塑性铰形成机制较为复杂，为确保其在实际地震作用下的性能满足要求，应对其地震响应特性和塑性铰形成机制等开展专项研究。

6.1.2 常规桥梁抗震设计流程可参见图 6.1.2-1 和图 6.1.2-2。

6.1.3 根据桥梁地震响应的复杂程度，常规桥梁可分为规则桥梁和非规则桥梁两类。表 6.1.3 限定范围内的梁桥属于规则桥梁，不在此表限定范围内的梁桥属于非规则桥梁，拱桥为非规则桥梁。

表 6.1.3 规则桥梁的定义

参　　数	参　数　值				
单跨最大跨径	≤90m				
墩高	≤30m				
单墩计算高度与直径或宽度比	大于 2.5 且小于 10				
跨数	2	3	4	5	6
曲线桥梁圆心角 φ 及半径 R	单跨 $\varphi<30°$ 且一联累计 $\varphi<90°$，同时曲梁半径 $R \geq 20b$（b 为桥宽）				
跨与跨间最大跨径比	≤3	≤2	≤2	≤1.5	≤1.5
轴压比	<0.3				
跨与跨间桥墩最大水平刚度比	—	≤4	≤4	≤3	≤2
支座类型	普通板式橡胶支座、盆式支座（铰接约束）和墩梁固接等。使用滑板支座、容许普通板式橡胶支座与梁底或墩顶滑动、减隔震支座等属于非规则桥梁				

续表6.1.3

参　　数	参　数　值
下部结构类型	桥墩为单柱墩、双柱框架墩、多柱排架墩
地基条件	不易冲刷、液化和侧向滑移的场地，远离断层

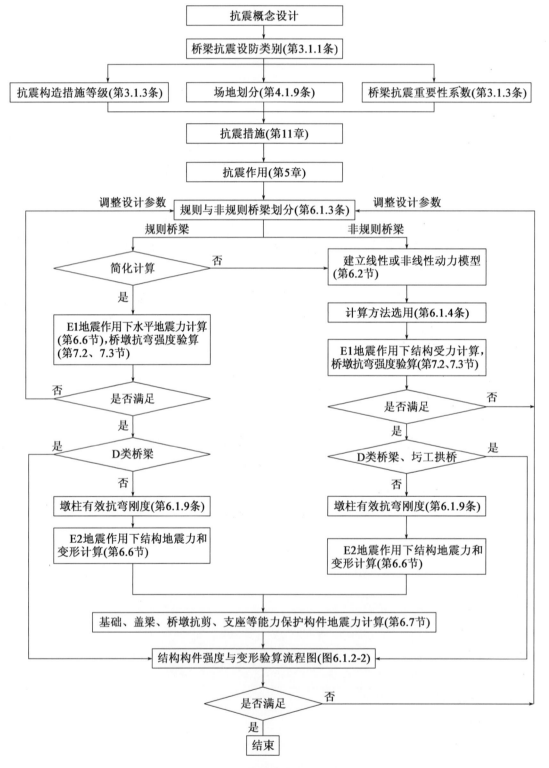

图6.1.2-1　常规桥梁总体设计流程

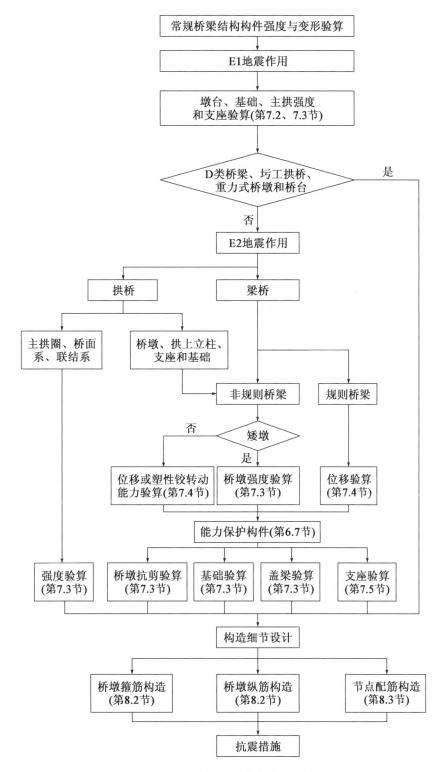

图 6.1.2-2 常规桥梁结构构件抗震设计流程

条文说明

根据桥梁结构在地震作用下动力响应的复杂程度，可将桥梁分为两类，即规则桥梁和非规则桥梁。对于规则桥梁的抗震分析、设计与校核，根据目前积累的大量震害经验及理论研究成果，采用简化计算方法和设计校核步骤就可以很好地把握其在地震作用下的动力响应特性，并使设计的结构满足规范预期的性能要求。对于非规则桥梁，由于其动力响应特性复杂，采用简化计算方法不能很好地把握其动力响应特性，因此本规范要求采用比较复杂的分析方法和设计校核过程来确保其在实际地震作用下的性能满足本规范的设计要求。

规则桥梁的地震响应以一阶振型为主，因此可以采用本规范规定的各种简化计算公式进行分析。

显然，要满足规则桥梁的定义，桥梁结构应在跨数、几何形状、质量分布、刚度分布以及桥梁工程场地的地质条件等方面服从一定的限制。具体来讲，要求桥梁的跨数不应太多，跨径不宜太大（避免轴力过高）；在桥梁纵向和横向上的质量分布、刚度分布以及几何形状都不应有突变，相邻桥墩的刚度差异不应太大，桥墩长细比应处于一定范围；桥梁工程场地的地形、地质没有突变，而且场地不会有发生液化和地基失效的危险等。对弯桥和斜桥，要求其最大圆心角和斜交角应处于一定范围。对安装有隔震支座和（或）阻尼器的桥梁，则不属于规则桥梁。为了便于实际操作，此处对规则桥梁给出了一些具体规定。迄今为止，国内还没有对规则桥梁结构的定义范围作专门研究，这里仅借鉴国外一些桥梁抗震设计规范的规定并结合国内已有的一些研究成果，给出表6.1.3的规定。不在此表限定范围内的桥梁，都属于非规则桥梁。

由于拱桥的地震反应相对较复杂，其动力响应一般不由一阶振型控制，因此，本规范把拱桥列入非规则桥梁。

6.1.4 根据本规范第6.1.3条的规则桥梁和非规则桥梁分类，桥梁的抗震分析计算方法可按表6.1.4选用。

表6.1.4 桥梁抗震分析可采用的计算方法

地震作用	桥梁分类					
	B类		C类		D类	
	规则	非规则	规则	非规则	规则	非规则
E1	SM/MM	MM/TH	SM/MM	MM/TH	SM/MM	MM
E2	SM/MM	MM/TH	SM/MM	MM/TH	—	—

注：TH-线性或非线性时程计算方法；SM-单振型反应谱或功率谱方法；MM-多振型反应谱或功率谱方法。

条文说明

E1地震作用下，结构处在弹性工作范围，可采用反应谱方法计算；对于规则桥梁，由于其动力响应主要由一阶振型控制，因此可采用简化的单振型反应谱方法计算。E2地震作用下，虽然容许桥梁结构进入塑性工作范围，但可以利用结构动力学中的等位移原理和等能量原理，对结构的弹性地震位移反应进行修正来代表结构的非线性地震位移反应，因此也可采用反应谱方法进行分析；但对于多联大跨度连续梁桥等复杂结构，只有采用非线性时程的方法才能正确预计结构的非线性地震反应。

6.1.5 E2 地震作用下，大跨径连续梁桥或连续刚构桥（主跨超过 90m）墩柱已进入塑性工作范围，且桥梁承台质量较大，当地震作用下承台的惯性力对桩基础地震作用效应不能忽略时，应采用非线性时程分析方法进行抗震分析。

条文说明

对于大跨径连续梁桥或连续刚构桥，如桥梁承台质量较大，桥梁承台的地震惯性力对桩基础的地震反应不能忽略，如 E2 地震作用下墩柱已进入塑性工作范围，应采用非线性时程分析方法进行抗震分析。

6.1.6 对于 6 跨以上一联采用纵向固定支座和活动支座的连续梁桥，应采用非线性时程分析方法考虑活动支座摩擦作用效应，进行抗震分析。

条文说明

对于多孔一联连续梁桥，如纵向采用固定支座和活动支座，地震作用下，活动支座的滑动摩擦效应对结构地震反应影响较大，应采用非线性时程分析方法考虑滑动摩擦效应。

6.1.7 对斜桥和非规则曲线桥，应采用非线性时程分析方法进行 E2 地震作用下的抗震分析。

条文说明

对于斜桥和非规则曲线桥等复杂结构，采用反应谱方法很难正确预计其地震反应，因此应采用非线性时程分析方法进行抗震分析。

6.1.8 地震作用下，重力式桥台台身地震惯性力可按静力法计算。

条文说明

一般情况下，重力式桥台质量和刚度都非常大，采用静力法计算具有足够的精度，能够满足抗震设计要求，因此可按静力法计算桥台台身地震惯性力。

6.1.9 在进行桥梁抗震分析时，E1 地震作用下，常规桥梁的所有构件抗弯刚度均应按全截面计算；E2 地震作用下，采用等效线弹性方法计算时，延性构件的有效截面抗弯刚度应按式（6.1.9）计算，但其他构件抗弯刚度仍应按全截面计算。

$$E_c \cdot I_{\text{eff}} = \frac{M_y}{\phi_y} \tag{6.1.9}$$

式中：E_c——桥墩的弹性模量（kN/m^2）；

I_{eff}——桥墩有效截面抗弯惯性矩（m^4）；

M_y——等效屈服弯矩（$kN \cdot m$）；

ϕ_y——等效屈服曲率（$1/m$），可参见本规范第7.4.7条。

条文说明

E1地震作用下结构在弹性范围工作，关注的是结构的强度，在此情况下可近似偏于安全地取桥墩的全截面刚度进行抗震分析，因为取全截面刚度计算出的结构周期相对较短、计算出的地震力偏大，对抗震设计来讲是偏安全的。而E2地震作用下，容许结构进入弹塑性工作状态，关注的是结构的变形，严格地讲，应采用弹塑性非线性时程分析方法进行抗震分析。但弹塑性非线性时程分析方法计算较为复杂，要用纤维单元模型或塑性铰单元模型反映结构的弹塑性特性，计算代价较高。研究表明，除了本规范第6.1.5~6.1.7条规定的结构较为复杂的桥梁应采用非线性时程分析以外，对其他桥梁，也可根据等位移原理和等能量原理采用更为简便的线弹性分析方法进行抗震分析，如反应谱法或功率谱法，此时，建立计算模型时，延性构件应采用有效截面抗弯刚度，以保证不会过低估计结构的变形。

6.1.10 D类桥梁、圬工拱桥、重力式桥墩和桥台，可只进行E1地震作用下的抗震分析和设计。

条文说明

本条沿用08细则的规定。由于圬工拱桥、重力式桥墩和桥台一般为混凝土结构，结构尺寸大、基本无延性，因此不能考虑延性抗震设计，只能进行一阶段抗震设计。D类桥梁是指位于三、四级公路上的抗震次要的桥梁，也只考虑进行一阶段抗震设计。

08细则编写时，考虑到89规范只做一阶段抗震设计，基本相当于E1地震作用下的抗震设计，且按该规范设计的D类桥梁、圬工拱桥、重力式桥墩和桥台，在实际地震中表现良好，因此考虑与89规范相一致，只要求结构在E1地震作用下基本不损伤，可只进行E1地震作用下的抗震分析和设计。

6.2 建模原则

6.2.1 E1和E2地震作用下的抗震分析，应首先建立桥梁结构的空间动力计算模型。计算模型应反映实际桥梁结构的动力特性。

6.2.2 桥梁结构动力计算模型应能正确反映桥梁上部结构、下部结构、支座和地基的刚度、质量分布及阻尼特性，从而保证在 E1 和 E2 地震作用下引起的惯性力和主要振型能得到正确反映。一般情况下，桥梁结构的动力计算模型应满足下列要求：

1 计算模型中的梁体和墩柱可采用空间杆系单元模拟，单元质量可采用集中质量代表；墩柱和梁体的单元划分应反映结构的实际动力特性。

2 支座单元应反映支座的力学特性。

3 混凝土结构和组合结构的阻尼比可取 0.05；钢结构的阻尼比可取 0.03；进行时程分析时，可采用瑞利阻尼。

4 计算模型应考虑相邻结构和边界条件的影响。

条文说明

由于非规则桥梁动力特性的复杂性，采用简化计算方法不能正确把握其动力响应特性，要求采用有限元法建立结构动力空间计算模型。正确建立桥梁结构的动力空间计算模型是进行桥梁抗震设计的基础。为了正确反映实际桥梁结构的动力特性，要求每个墩柱至少采用三个杆系单元，桥梁支座采用支座连接单元模拟，单元的质量可采用集中质量代表（图6-1）。

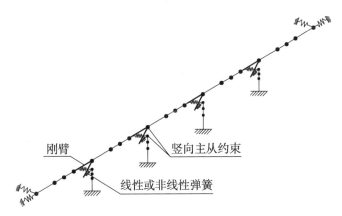

图 6-1 桥梁动力空间计算模型

阻尼是影响结构地震反应的重要因素，在进行非规则桥梁时程反应分析时可采用瑞利阻尼假设建立阻尼矩阵。根据瑞利阻尼假设，结构的阻尼矩阵可表示为式（6-1）：

$$[C] = a_0[M] + a_1[K] \tag{6-1}$$

式中：$[M]$，$[K]$——结构的质量和刚度矩阵；

a_0，a_1——可按式（6-2）确定：

$$\begin{Bmatrix} a_0 \\ a_1 \end{Bmatrix} = \frac{2\xi}{\omega_n + \omega_m} \begin{Bmatrix} \omega_n \omega_m \\ 1 \end{Bmatrix} \tag{6-2}$$

ξ——结构阻尼比，对于混凝土桥梁 $\xi = 0.05$；

ω_n，ω_m——结构振动的第 n 阶和第 m 阶圆频率，一般 ω_n 可取结构的基频，ω_m 取后几阶对结构振动贡献大的模态的频率。

6.2.3 在 E1 地震作用下，宜采用总体空间模型计算桥梁的地震反应；在 E2 地震作用下，可采用局部空间模型计算。总体和局部空间模型应满足下列要求：

1 总体空间模型宜包括所有桥梁结构及其连接方式，通过对总体空间模型的分析，确定结构的空间耦联地震反应特性和地震最不利输入方向。

2 局部空间模型应根据总体模型的计算结果，取出部分桥梁结构进行计算，局部模型应考虑相邻结构对边界条件的影响。

条文说明

在建立一般非规则桥梁动力空间模型时宜建立全桥计算模型，但对于很长的桥梁，可以选取具有典型结构或特殊地段或有特殊构造的多联桥梁进行地震反应分析。这时应考虑邻联结构和桥台对边界条件的影响。邻联结构和桥台对边界条件的影响可以在所取计算模型的末端再加上一联桥梁或桥台模型来模拟，如图6-2所示。局部模型一般不少于3联，取中间各联的计算结果进行抗震设计，边界联自身的内力和位移响应根据把它作为中间联时的其他局部模型计算得到。

图6-2 局部模型边界条件的模拟

对于具有不规则的几何形状（如包含大量的曲线、斜桥和直线梁桥）的大型桥梁工程，直接利用总体空间计算模型进行时程反应分析非常复杂。为了简化计算，可以分两步进行结构的地震反应分析：

（1）首先建立总体空间模型，利用总体空间模型进行E1地震作用下的振型分解反应谱法分析，确定结构的空间耦联地震反应特性和地震最不利输入方向。总体空间模型宜包括立交工程中的所有桥梁结构及其连接方式。

（2）在总体空间模型计算结果的基础上，建立局部计算模型，利用局部模型和确定的地震最不利输入方向进行时程分析。局部模型应考虑邻联结构和边界条件的影响。

6.2.4 规则桥梁可按本规范第6.6节的要求选用简化计算模型。

条文说明

规则桥梁的地震反应以一阶振型为主,因此可以采用本规范建议的各种简化计算公式进行分析。

6.2.5 进行直线桥梁地震反应分析时,可分别考虑沿顺桥向和横桥向两个水平方向的地震动输入;进行曲线桥梁地震反应分析时,可分别考虑沿一联两端桥墩连线(割线)方向和垂直于连线水平方向进行多方向的地震动输入,以确定最不利地震响应。

6.2.6 进行非线性时程分析时,墩柱的非线性应采用弹塑性空间梁柱单元模拟。

条文说明

根据桥梁抗震设防原则,在E2地震作用下,允许结构发生损伤和塑性变形,即在E2地震作用下桥梁可以进入非线性工作范围,当结构较复杂时,如本规范第6.1.5~6.1.7条规定的桥梁,只有进行非线性时程地震反应分析才能比较真实地模拟结构的地震响应。

梁柱单元塑性铰的弹塑性可以采用Bresler建议的屈服面来表示(图6-3),也可采用非线性梁柱纤维单元模拟。

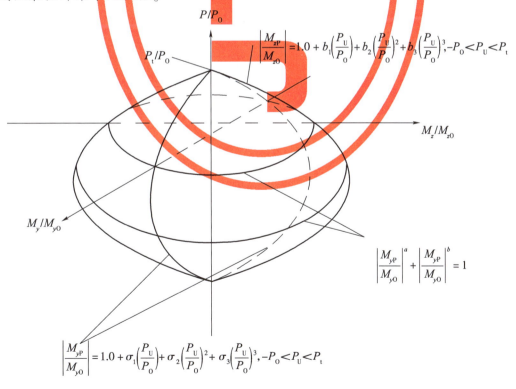

图6-3 典型钢筋混凝土墩柱截面的屈服面

6.2.7 抗震分析时应考虑支座的影响。板式橡胶支座可采用线性弹簧单元模拟；活动盆式支座和四氟滑板橡胶支座可用双线性理想弹塑性弹簧单元模拟，其恢复力模型如图6.2.7所示。三种支座的力学参数计算方法如下：

1 板式橡胶支座剪切刚度 k（kN/m）：

$$k = \frac{G_d A_r}{\sum t} \quad (6.2.7\text{-}1)$$

式中：G_d——板式橡胶支座的动剪切模量（kN/m²），一般取 1 200 kN/m²；

A_r——橡胶支座的剪切面积（m²）；

$\sum t$——橡胶层的总厚度（m）。

2 活动盆式支座临界滑动摩擦力 F_{max}（kN）：

$$F_{max} = \mu_d R \quad (6.2.7\text{-}2)$$

初始刚度为：

$$k = \frac{F_{max}}{x_y} \quad (6.2.7\text{-}3)$$

式中：μ_d——滑动摩擦系数，一般取 0.02；

R——支座所承担的上部结构重力（kN）；

x_y——活动盆式支座屈服位移（m），一般取 0.002~0.005 m。

3 四氟滑板橡胶支座的初始刚度按式（6.2.7-1）计算，四氟滑板橡胶支座的临界滑动摩擦力按式（6.2.7-2）计算。

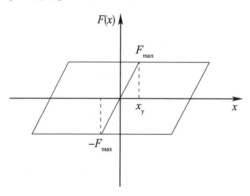

图6.2.7 活动盆式支座和四氟滑板橡胶支座恢复力模型

条文说明

大量板式橡胶支座的试验结果表明，板式橡胶支座的滞回曲线呈狭长形，可以近似作线性处理。其剪切刚度尽管随着最大剪应变的变化和频率的变化而变化，但对于特定频率和最大的剪切角而言，可以近似看作常数。因此，可将板式橡胶支座的恢复力模型取为直线型，近似按最大的剪切应变和频率来确定支座的刚度。

活动盆式支座和四氟滑板橡胶支座的试验表明，当支座受到的剪力超过其临界滑动摩擦力 F_{max} 后，支座开始滑动，其动力滞回曲线可用类似于理想弹塑性材料的滞回曲线代表。

6.2.8 对采用桩基础的桥梁，抗震分析计算模型应考虑桩土相互作用，桩土相互作用可用等代土弹簧模拟，等代土弹簧的刚度可采用 m 法计算。

条文说明

　　桥梁的下部结构通常为桥墩支承在刚性承台上，承台下采用群桩布置。因此，地震荷载作用下桥墩边界是弹性约束，而不是刚性固结。对桩基边界条件进行精确模拟要涉及复杂的桩土相互作用问题。但分析表明，对于桥梁结构本身的分析问题，只要对边界作适当的模拟就能得到较满意的结果。考虑桩基边界条件最常用的处理方法是用承台底六个自由度的弹簧刚度模拟桩土相互作用（图6-4），这六个弹簧刚度分别是竖向刚度、顺桥向和横桥向的抗推刚度、绕竖轴的抗转动刚度和绕两个水平轴的抗转动刚度。它们的计算方法与静力计算相同，所不同的仅是土的抗力取值比静力的大，一般取 $m_{动} = (2 \sim 3) m_{静}$。

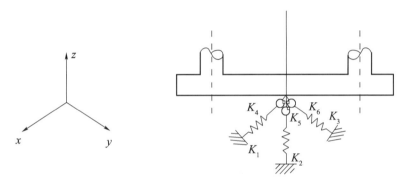

图 6-4　考虑桩土共同作用边界单元

注：K_1、K_2、K_3 分别为 x、y、z 方向上的拉压弹簧，K_4、K_5、K_6 分别为 x、y、z 方向的转动弹簧。

6.2.9 当墩柱的计算高度与矩形截面短边尺寸之比大于8，或墩柱的计算高度与圆形截面直径之比大于6时，应考虑 $P\text{-}\Delta$ 效应。

条文说明

　　当桥墩高度与截面尺寸之比较大时，桥墩的几何非线性效应不能忽略。本条引用了美国 CALTRANS 桥梁抗震设计规范的规定。

6.3 反应谱法

6.3.1 反应谱法包括单振型反应谱法和多振型反应谱法。单振型反应谱法和多振型反应谱法的选用可参见表6.1.4。规则桥梁的抗震计算可采用本规范第6.6节给出的计算方法。

6.3.2 采用反应谱法计算时，反应谱应按本规范第5.2.1条规定确定。

6.3.3 采用多振型反应谱法计算时，所考虑的振型阶数应保证在计算方向的质量参与系数在90%以上。地震作用效应应按下列规定计算：

1 单一方向的地震作用效应（内力、位移），可采用SRSS方法，按式（6.3.3-1）确定：

$$F = \sqrt{\sum S_i^2} \tag{6.3.3-1}$$

式中：F——结构的地震作用效应；

S_i——结构第 i 阶振型地震作用效应。

2 当结构相邻两阶振型的自振周期 T_i 和 T_j（$T_j \leq T_i$）接近时，即 T_i 和 T_j 之比 ρ_T 满足式（6.3.3-2），应采用CQC方法按式（6.3.3-3）计算地震作用效应。

$$\rho_T = \frac{T_j}{T_i} \geq \frac{0.1}{0.1 + \xi} \tag{6.3.3-2}$$

式中：ξ——阻尼比；

ρ_T——周期比。

$$F = \sqrt{\sum \sum S_i r_{ij} S_j} \tag{6.3.3-3}$$

式中：r_{ij}——相关系数，按式（6.3.3-4）确定：

$$r_{ij} = \frac{8\xi^2 (1 + \rho_T) \rho_T^{\frac{3}{2}}}{(1 - \rho_T^2)^2 + 4\xi^2 \rho_T (1 + \rho_T)^2} \tag{6.3.3-4}$$

条文说明

自1943年M. Biot提出反应谱的概念，以及1948年G. W. Housner提出基于反应谱理论的抗震计算动力法以来，反应谱分析方法在结构抗震领域得到不断完善与发展，并在工程实践中得到广泛应用。可是，由于反应谱仅能给出结构各振型反应的最大值，而丢失了与最大值有关且对振型组合又非常重要的信息，如最大值发生的时间及其正负号，使各振型最大值的组合陷入困境。因此，对非规则桥梁和立交结构，即使结构是处于线弹性状态，反应谱法仍不能完全代替时程分析方法。国外大多数桥梁抗震设计规范也只适用于中等跨径的标准桥梁，且多数抗震设计规范中都指出对于复杂桥梁需要采用时程分析法进行特殊抗震设计。

国内外许多专家学者对反应谱法进行了大量研究，并提出了种种振型组合方法。其中最简单而又最普遍采用的是SRSS（Square Root of Sum of Squares）法。该法对于频率分离较好的平面结构具有很好的精度，但是对于频率密集的空间结构，由于忽略了各振型间的耦合项，故时常过高或过低地估计结构的反应。1969年，Rosenblueth和Elorduy提出了DSC（Double Sum Combination）法来考虑振型间的耦合项影响，之后Humar和Gupta又对DSC法进行了修正与完善。1981年，E. L. Wilson等人把地面运动视为一宽带、高斯平稳过程，根据随机过程理论导出了线性多自由度体系的振型组合规则 CQC（Complete Quadratic Combination）法，较好地考虑了频率接近时的振型相关性，克服了 SRSS 法的不足。

6.4 时程分析方法

6.4.1 地震加速度时程应按本规范第 5.3 节的规定选取。

6.4.2 时程分析的最终结果，当采用 3 组设计加速度时程计算时，应取 3 组计算结果的最大值；当采用 7 组设计加速度时程计算时，可取 7 组计算结果的平均值。

条文说明

一组时程分析结果只是结构随机响应的一个样本，不能反映结构响应的统计特性，因此，需要对多个样本的分析结果进行统计才能得到可靠的结果。本规范参照美国 AASHTO 规范给出了本条规定。

6.4.3 在 E1 地震作用下，线性时程法的计算结果不应小于反应谱法计算结果的 80%。

条文说明

时程分析法的计算结果，依赖于地震动输入以及阻尼参数的选取，如地震动输入选择不好，或阻尼参数选取不恰当，均可能导致计算结果偏小。因此，线性时程分析法的计算结果应与反应谱法计算结果相互校核，以保证选取合适的地震波和阻尼参数。

6.5 功率谱法

6.5.1 适用反应谱法计算的结构，也可用功率谱法计算。两种方法可作相互检验，功率谱法计算结果与反应谱法计算结果相差不应超过 20%。

6.5.2 当不考虑地震动输入的空间变化效应时，结构响应的自功率谱可按本规范附录 B.1 计算；当考虑行波效应时，结构响应的自功率谱可按本规范附录 B.2 计算。

6.5.3 结构响应的期望极值可根据其自功率谱 $S_y(\omega)$ 按本规范附录 B.3 计算。

条文说明

6.5.1~6.5.3 对功率谱法用于桥梁抗震分析作出了规定。

随着现代工程科学的发展,基于随机振动理论的功率谱法日益引起了国内外工程界和学术界的高度重视并得以推广应用,在海洋平台设计上迄今已经成为不可或缺的重要设计工具(如挪威、美国、中国规范)。1995年颁布的欧洲桥梁抗震设计规范也已把功率谱法列为可供设计选用的三种方法之一。在我国,近十几年来也已经有许多工程专家在大跨径桥梁、水坝等的抗震计算中采用功率谱法来分析多点非一致地震激励问题,并取得了丰富的研究成果。

严格来讲,在整个地震过程中,地面运动呈现出明显的非平稳性,包括强度非平稳和频率分量非平稳两个方面。在产生加速度人工波时,常用一个慢变的确定性调制函数和一个高斯平稳随机过程的乘积形成伪非平稳过程,来代替真非平稳地震地面运动。

目前,在功率谱法的工程应用中,通常将地震作用近似为一有限持续时间的平稳高斯随机过程,用平稳功率谱密度函数来描述地震动的频域特性。这样描述的运动要和场地相关反应谱相协调。功率谱和反应谱之间的协调性为:有相同自振频率和阻尼比的单自由度体系的反应谱值和反应最大极值的平均值相等。在地震工程中,由于非平稳随机过程研究的困难,有时不得不使用地震动平稳性假定,如反应谱法CQC振型组合规则就是基于宽带、高斯平稳随机过程而得到的。

以地震动加速度平稳功率谱作为输入对结构进行随机振动分析,得到的结果则是结构反应(位移、内力等)的功率谱密度函数及方差等统计特征,其信息量比反应谱法计算结果丰富得多,对了解结构的地震响应特性非常有用。由它们就可以方便地计算工程师所需要的结构最大响应,亦即和通常反应谱法所计算出的结果相当的量。响应的功率谱可以通过振型分析的方法计算。与反应谱法不同,这里各振型之间的关系可自动计及。响应的功率谱还可以通过用依赖频率的响应矩阵等其他方法获得。当需要考虑地面各支点的非一致运动,如行波效应(wave passage effect)、局部效应(local effect)、失相干效应(incoherence effect)时,由于这些效应由各支点处的功率谱密度和它们之间的相干函数描述比较方便,所以用功率谱法处理更为直接。与反应谱法相似,功率谱法不宜直接用于非线性分析,除非在一定条件下通过适当的力学处理。

6.6 规则桥梁计算

6.6.1 对满足本规范第6.1.3条要求的规则桥梁,可按本节分析方法将结构等效为单自由度模型,模型中应考虑上部结构、支座、桥墩及基础等刚度的影响,按单振型反应谱方法进行E1和E2地震作用下结构的内力和变形计算。

条文说明

规则桥梁的地震反应以一阶振型为主,因此可以采用本规范规定的各种简化计算方法进行抗震分析。但需注意,简化的单自由度模型是一种近似计算方法,结构内力和变形的计算误差来自两个方面,一是没有考虑高阶振型的影响,二是一阶振型周期和单自由度模型换算质点质量的计算误差,研究表明,本规范给出的一阶振型周期计算公式误差很小，位移响应计算误差也很小，一般可以忽略，但墩高增大时，内力响应（如墩底剪力和弯矩）计算误差也将增大，此时，为减小误差，也可参照有关资料考虑高阶振型影响对内力进行修正。

6.6.2 对桥面不连续简支梁桥，其顺桥向和横桥向水平地震力可采用下列简化方法计算，其计算简图如图6.6.2所示。

1 顺桥向和横桥向水平地震力可按式（6.6.2-1）~式（6.6.2-4）计算：

$$E_{ktp} = SM_t \qquad (6.6.2\text{-}1)$$

$$M_t = M_{sp} + \eta_{cp}M_{cp} + \eta_p M_p \qquad (6.6.2\text{-}2)$$

$$\eta_{cp} = X_0^2 \qquad (6.6.2\text{-}3)$$

$$\eta_p = 0.16(X_0^2 + X_f^2 + 2X_{f\frac{1}{2}}^2 + X_f X_{f\frac{1}{2}} + X_0 X_{f\frac{1}{2}}) \qquad (6.6.2\text{-}4)$$

式中：E_{ktp}——顺桥向作用于固定支座顶面或横桥向作用于上部结构质心处的水平力（kN）；

S——根据结构基本周期，按本规范第5.2.1条计算出的反应谱值；

M_t——换算质点质量（t）；

M_{sp}——桥梁上部结构的质量（t），相应于墩顶固定支座的一孔梁的质量；

M_{cp}——盖梁的质量（t）；

M_p——墩身质量（t），对于扩大基础，为基础顶面以上墩身的质量；

η_{cp}——盖梁质量换算系数；

η_p——墩身质量换算系数；

X_0——考虑地基变形时，顺桥向作用于支座顶面或横桥向作用于上部结构质心处的单位水平力在墩身计算高度H处引起的水平位移与单位力作用处的水平位移之比；

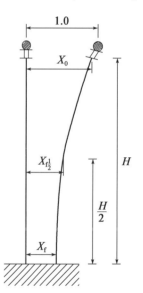

图6.6.2 简支梁桥计算简图

X_f，$X_{f\frac{1}{2}}$——分别为考虑地基变形时，顺桥向作用于支座顶面上或横桥向作用于上部结构质心处的单位水平力在一般冲刷线或基础顶面、墩身计算高度$H/2$处引起的水平位移与单位力作用处的水平位移之比。

2 一般情况可按式（6.6.2-5）计算各简支梁桥的基本周期：

$$T_1 = 2\pi\sqrt{M_t\delta} \qquad (6.6.2\text{-}5)$$

式中：T_1——简支梁桥顺桥向或横桥向的基本周期（s）；

δ——在顺桥向作用于支座顶面或横桥向作用于上部结构质心处的单位水平力在力作用处引起的水平位移（m/kN），顺桥和横桥方向应分别计算，计算时可按现行相关行业标准的有关规定计算地基变形作用效应。

条文说明

在确定简支梁桥的基本周期和地震作用时，可按单墩模型考虑。对于墩身不高的简支梁桥，在确定地震作用时一般只考虑第一阶振型，而将高阶振型贡献略去不计。考虑到墩身在横桥向和顺桥向的刚度不同，在计算时两个方向分别采用不同的振型。在确定了振型曲线 X_{1i} 之后（一般采用静力挠曲线），就可以应用能量法或代替质量法将墩身各分段重量核算到墩顶上。这样，在确定基本周期时，仍可以简化为单质点处理，避免了多质点体系基本周期计算十分繁杂的缺点。

6.6.3 连续梁桥一联中一个墩采用顺桥向固定支座，其余均为顺桥向活动支座，其顺桥向地震反应可按下列公式计算：

1 顺桥向作用于固定支座顶面的地震力可按式（6.6.3-1）、式（6.6.3-2）计算：

$$E_{ktp} = SM_t - \sum_{i=1}^{N} \mu_i R_i \tag{6.6.3-1}$$

$$M_t = M_{sp} + M_{cp} + \eta_p M_p \tag{6.6.3-2}$$

式中：M_t——固定墩支座顶面处的换算质点质量（t）；

M_{sp}——一联桥梁上部结构的质量（t）；

M_{cp}——固定墩盖梁的质量（t）；

M_p——固定墩墩身质量（t）；

R_i——第 i 个活动支座的恒载反力（kN）；

μ_i——第 i 个活动支座的摩擦系数，一般取 0.02。

2 顺桥向作用于活动支座顶面的地震力可按式（6.6.3-3）计算：

$$E_{kti} = \mu_i R_i \tag{6.6.3-3}$$

3 连续梁桥顺桥向的基本周期可按式（6.6.3-4）计算：

$$T_1 = 2\pi \sqrt{M_t \delta} \tag{6.6.3-4}$$

式中：T_1——连续梁桥顺桥向的基本周期（s）；

δ——在顺桥向作用于固定支座顶面或上部结构质心上单位水平力在该处引起的水平位移（m/kN），计算时可按现行相关行业标准的有关规定计算地基变形作用效应。

条文说明

连续梁桥在顺桥向一般只设一个固定支座，其余均为纵向活动支座，因此在顺桥向地震作用下结构的地震反应可以简化为单墩模型计算，但需考虑各活动支座的摩擦效应。

6.6.4 采用板式橡胶支座的连续梁桥和桥面连续简支梁桥，以及连续刚构桥，在顺桥向 E1 和 E2 地震作用下的地震反应，可按下列简化方法计算：

1 建立结构计算模型，模型中应考虑上部结构、支座、桥墩及基础等刚度的影响，计算均布荷载 p_0 沿一联梁体轴线作用下结构的位移 $v_s(x)$，计算简图如图 6.6.4 所示。

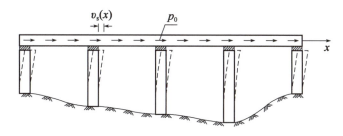

图 6.6.4 连续梁桥顺桥向计算模型

2 按式（6.6.4-1）计算桥梁的顺桥向刚度 K_1：

$$K_1 = \frac{p_0 L}{v_{s,\max}} \quad (6.6.4\text{-}1)$$

式中：p_0——均布荷载（kN/m）；

L——一联桥梁总长（m）；

$v_{s,\max}$——p_0 作用下的最大水平位移（m）。

3 按式（6.6.4-2）计算结构基本周期 T_1：

$$T_1 = 2\pi \sqrt{\frac{M_t}{K_1}} \quad (6.6.4\text{-}2)$$

式中：M_t——一联桥梁总质量（t），应包含梁体质量，以及按本规范第 6.6.2 条墩身质量换算系数 η_p、盖梁质量换算系数 η_{cp} 等效的各墩身质量和盖梁质量之和。

4 按式（6.6.4-3）计算地震等效均布荷载 p_e：

$$p_e = \frac{SM_t}{L} \quad (6.6.4\text{-}3)$$

5 按静力法计算均布荷载 p_e 作用下的结构内力、位移反应。

条文说明

对全联均采用板式橡胶支座的梁桥，首先采用静力方法，计算出结构考虑板式橡胶支座、墩柱和基础柔度的顺桥向静力等效水平刚度，在此基础上简化为单墩模型，计算出梁体质点所受顺桥向地震惯性力，然后采用静力法计算梁体惯性力产生的下部结构内力和变形。

6.6.5 连续刚构桥及全桥墩梁间横桥向位移为固定约束的连续梁桥和桥面连续简支梁桥，在横桥向 E1 和 E2 地震作用下的地震反应，可按下列方法计算：

1 建立结构计算模型，在模型中应考虑上部结构、支座、桥墩及基础等刚度的影响，并应考虑相邻结构的影响，一般情况下计算模型应取左右各一联桥梁结构（边界联）作为边界条件。

2 计算均布荷载 p_0 沿计算模型（包含边界联长度）垂直梁体轴线作用下，计算联横桥向的最大结构位移 $v_s(x)$，计算简图如图6.6.5所示。

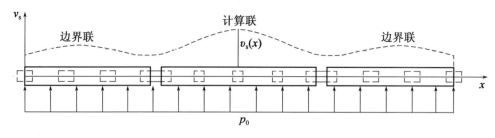

图6.6.5 横桥向计算模型

3 按式（6.6.5-1）计算桥梁的横桥向等效刚度 K_t：

$$K_t = \frac{p_0 L}{v_{s,\max}} \quad (6.6.5\text{-}1)$$

式中：L——计算模型总长（包含左右边界联的长度）（m）；

$v_{s,\max}$——p_0 作用下计算联横向的最大水平位移（m）。

4 按式（6.6.5-2）计算结构基本周期 T_1：

$$T_1 = 2\pi \sqrt{\frac{M_t}{K_t}} \quad (6.6.5\text{-}2)$$

5 按式（6.6.5-3）计算地震等效均布荷载 p_e：

$$p_e = \frac{SM_t}{L} \quad (6.6.5\text{-}3)$$

6 按静力法计算均布荷载 p_e 作用下的结构内力、位移反应。

条文说明

一般情况下，梁式桥在横桥向，梁和墩之间采用刚性约束，对于规则连续刚构桥、连续梁桥和桥面连续简支梁桥，横桥向的地震反应主要由横向一阶振型贡献，因此可简化为单自由度模型计算。本规范考虑相邻联的边界效应，采用静力方法计算横桥向水平等效刚度，利用单振型反应谱方法计算梁体横桥向水平地震惯性力，然后采用静力法计算梁体横桥向水平惯性力产生的下部结构内力和变形。

6.6.6 采用多模态反应谱方法计算规则桥梁的变形和内力时，可参照本规范第6.3节有关条文的规定。

6.7 能力保护构件计算

6.7.1 在E2地震作用下，当结构未进入塑性工作范围时，桥梁墩柱的剪力设计值、桥梁基础和盖梁的内力设计值可用E2地震作用的计算结果。

条文说明

对于截面尺寸较大的桥墩，在 E2 地震作用下可能不会发生屈服，这样采用能力保护方法计算过于保守，可直接采用 E2 地震作用计算结果。在判断桥墩是否屈服时，屈服弯矩可以采用本规范图 7.4.7 中的等效屈服弯矩。

6.7.2 墩柱塑性铰区域截面超强弯矩应按式（6.7.2）计算：

$$M_n = \phi^0 M_u \tag{6.7.2}$$

式中：M_n——顺桥向和横桥向超强弯矩；

M_u——按截面实配钢筋，采用材料强度标准值，在最不利轴力作用下计算出的截面顺桥向和横桥向极限弯矩（图 7.4.7）；

ϕ^0——桥墩极限弯矩超强系数，ϕ^0 取 1.2。

条文说明

从大量震害和试验结果的观察发现，墩柱的实际极限弯矩要大于其设计承载能力，这种现象称为墩柱抗弯超强现象（Overstrength）。引起墩柱抗弯超强的原因很多，最主要的原因是钢筋在屈服后的极限强度比其屈服强度大，而钢筋实际屈服强度又比设计强度大。如果墩柱塑性铰的极限弯矩出现很大的超强，所能承受的地震力超过了能力保护构件，则将导致能力保护构件先失效，预设的塑性铰不能产生，桥梁发生脆性破坏。

为了保证预期出现弯曲塑性铰的构件不发生脆性的破坏模式（如剪切破坏、黏结破坏等），并保证脆性构件和不宜用于耗能的构件（能力保护构件）处于弹性反应范围，在确定它们的弯矩、剪力设计值时，采用墩柱抗弯超强系数 ϕ^0 来考虑超强现象。各国规范对 ϕ^0 取值的差异较大，对钢筋混凝土结构，欧洲规范（Eurocode 8：Part2，1998 年）中取值为 1.375，美国 AASHTO 规范（2004 年版）中取值为 1.25，而《美国加州抗震设计准则》（2000 年版）中取值为 1.2。同济大学结合我国《公路钢筋混凝土及预应力混凝土桥涵设计规范》对超强系数的取值也进行了研究，结果表明：当轴压比大于 0.2 时，超强系数随轴压比的增加而增加，当轴压比小于 0.2 时，超强系数为 1.1~1.3。这里建议 ϕ^0 取 1.2。

由于墩柱轴力的变化会引起钢筋混凝土墩柱极限弯矩的改变，而墩柱所受到的轴力为恒载轴力和地震引起的动轴力之和，墩柱所受到的最大轴力为恒载轴力加地震动轴力（绝对值），最小轴力为恒载轴力减地震动轴力（绝对值），因此计算 M_u 时最不利轴力为最大轴力。

6.7.3 当桥梁盖梁、基础、支座和墩柱抗剪作为能力保护构件设计时，其弯矩和剪力设计值应按能力保护原则计算，应取与墩柱塑性铰区域截面超强弯矩所对应的弯矩和剪力值。

条文说明

钢筋混凝土构件的剪切破坏属于脆性破坏,是一种危险的破坏模式,对于抗震结构来说,墩柱剪切破坏还会大大降低结构的延性能力。因此,为了保证钢筋混凝土墩柱不发生剪切破坏,应采用能力保护设计原则进行延性墩柱的抗剪设计。根据能力保护设计原则,墩柱的剪切强度应大于墩柱可能在地震中承受的最大剪力(对应于墩柱塑性铰处截面可能达到的最大弯矩承载能力)。桥梁基础是桥梁结构最主要的受力构件,地震作用下如发生损伤,不但很难检查,也很难修复,因此作为能力保护构件设计。桥梁支座如在地震中发生损伤或破坏,虽然震后可以维修或更换,但改变了结构的传力途径,因此,按类型Ⅰ结构抗震体系设计的桥梁,应把支座作为能力保护构件设计,具有稳定传力途径,以达到桥梁墩柱等延性构件发生弹塑性变形、耗散地震能量的设计目标。

6.7.4 单柱墩塑性铰区域截面顺桥向和横桥向超强弯矩可按本规范第 6.7.2 条计算,计算 M_u 时最不利轴力可取为恒载轴力。单柱墩沿顺桥向和横桥向的剪力设计值应取与墩柱塑性铰区域截面超强弯矩所对应的剪力值,根据塑性铰区域截面超强弯矩来计算。

条文说明

能力保护构件的内力设计值(内力需求),应根据具体构件,画出其分离体受力图,建立静力学模型,根据墩柱塑性铰区域截面超强弯矩,计算其对应的内力设计值。

例如,对简支梁桥和连续梁桥,单柱墩只可能在底部形成一个塑性铰,此时,塑性铰区域截面顺桥向和横桥向剪力设计值可按式(6-3)计算。

$$V_{c0} = \frac{M_n}{H_n} \tag{6-3}$$

式中:M_n——按式(6.7.2)计算出的单柱墩墩底塑性铰区域截面超强弯矩(kN·m);
　　　H_n——取墩顶到墩底塑性铰中心距离(m)(图 6-5)。

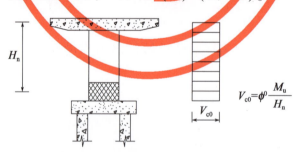

图 6-5 单柱墩的剪力设计值

而对于连续刚构桥,墩底和墩顶均可能形成塑性铰,此时,塑性铰区域截面顺桥向和横桥向剪力设计值按式(6-4)计算。

$$V_{c0} = \frac{M_n^t + M_n^b}{H_n} \tag{6-4}$$

式中:M_n^t——按式(6.7.2)计算出的单柱墩墩顶塑性铰区域截面超强弯矩(kN·m);

M_n^b——按式（6.7.2）计算出的单柱墩墩底塑性铰区域截面超强弯矩（kN·m）；

H_n——取墩顶塑性铰中心到墩底塑性铰中心的距离（m）。

6.7.5 双柱墩和多柱墩塑性铰区域截面顺桥向超强弯矩和剪力设计值可按本规范第6.7.4条计算，横桥向超强弯矩和剪力设计值可按下列步骤计算：

1 假设墩柱轴力为恒载轴力。

2 按截面实配钢筋，采用材料强度标准值，按本规范式（6.7.2）计算出各墩柱塑性铰区域截面超强弯矩。

3 计算各墩柱相应于其超强弯矩的剪力值，并按式（6.7.5）计算各墩柱剪力值之和Q：

$$Q = \sum_i^N Q_i \tag{6.7.5}$$

式中：Q_i——各墩柱相应于塑性铰区域截面的超强弯矩的剪力值（kN）。

4 将Q按正、负方向分别施加于盖梁质心处，计算各墩柱所产生的轴力（图6.7.5）。

图 6.7.5 相应于墩柱达到超强弯矩时的轴力计算模式

5 将合剪力Q产生的轴力与恒载轴力组合后，采用组合的轴力，返回步骤2进行迭代计算，直到相邻两次计算各墩柱剪力之和相差在10%以内。

6 采用上述组合中的轴力最大压力组合，按步骤2计算各墩柱塑性区域截面超强弯矩。

7 按第3步计算双柱墩和多柱墩塑性铰区域剪力设计值。

条文说明

对于双柱墩和多柱墩桥梁（含有系梁双柱墩和多柱墩桥梁），在横桥向地震作用下，会在墩柱中产生较大的动轴力，而墩柱轴力的变化会引起钢筋混凝土墩柱极限弯矩的改变，因此，本规范建议采用静力推倒分析方法（Pushover方法），通过迭代计算出各墩柱塑性铰区域截面超强弯矩。

6.7.6 固定支座和板式橡胶支座所受地震水平力可按能力保护方法计算。当按能力保护方法计算时，支座在顺桥向和横桥向所受地震水平力可分别直接取本规范第6.7.4条和第6.7.5条计算出的各墩柱沿顺桥向和横桥向剪力值。

6.7.7 按能力保护方法计算双柱和多柱墩盖梁的弯矩设计值和剪力设计值时，双柱和多柱墩盖梁的弯矩设计值和剪力设计值可直接取本规范第6.7.5条计算出的盖梁弯矩和剪力值，并与恒载作用下盖梁的弯矩和剪力组合。

条文说明

在双柱和多柱墩桥梁的抗震设计中，钢筋混凝土墩柱作为延性构件产生弹塑性变形耗散地震能量，而盖梁、基础等作为能力保护构件，保持弹性。因此，应采用能力保护设计原则进行盖梁的设计。根据能力保护设计原则，盖梁的抗弯强度应大于盖梁可能在地震中承受的最大、最小弯矩（对应于墩柱塑性铰处截面可能达到的正、负弯矩承载能力）。进行盖梁验算时，首先要计算出盖梁可能承受的最大、最小弯矩作为设计弯矩，然后进行验算。

6.7.8 梁桥基础的弯矩、剪力和轴力设计值应根据墩柱底部可能出现塑性铰处截面的超强弯矩、剪力设计值和墩柱恒载轴力，并考虑承台本身地震惯性力的贡献来计算。对双柱墩、多柱墩横桥向，梁桥基础的弯矩、剪力和轴力应由本规范式（6.7.5）计算出的各墩柱合剪力Q作用在盖梁质心处并与恒载轴力组合后在承台顶产生的弯矩、剪力和轴力来计算。

条文说明

由于在地震过程中，如基础发生损伤，难以发现且维修困难，因此要求采用能力保护设计原则进行基础计算和设计，以保证基础在达到预期的强度之前，墩柱已超过其弹性反应范围。梁桥基础沿横桥向、顺桥向的弯矩、剪力和轴力设计值应根据墩柱底部可能出现塑性铰处的弯矩承载能力（考虑超强系数ϕ^0）、剪力设计值和相应的墩柱轴力来计算，在计算这些设计值时应和自重产生的内力组合。

6.7.9 对于低桩承台基础，承台本身的水平地震惯性力可用静力法按式（6.7.9）计算；对于高桩承台基础，可采用弹性分析方法，如反应谱方法，计算E2地震作用下承台本身的水平地震惯性力。

$$F_{\mathrm{bp}} = \frac{C_\mathrm{i} C_\mathrm{s} A G_{\mathrm{bp}}}{g} \quad (6.7.9)$$

式中：F_{bp}——作用在承台质心处的水平地震力（kN）；

C_i，C_s——分别为抗震重要性系数和场地系数，按本规范表3.1.3-2、表5.2.2取值；

A——水平向基本地震动峰值加速度，按本规范第3.2.2条取值；

G_{bp}——承台的重力（kN）。

条文说明

对于低桩承台基础，假设地震作用下承台的加速度与地面加速度相同，承台本身的水平地震惯性力可用静力法计算。对于高桩承台基础，采用静力法计算可能带来较大误差，可直接采用弹性分析方法，如反应谱方法，计算 E2 地震作用下承台顶水平剪力 F_T 和承台底水平剪力 F_D，则承台本身的水平地震惯性力 F_{bp} 按式（6-5）计算：

$$F_{bp} = F_D - F_T \quad (6-5)$$

6.8 桥台

6.8.1 桥台的顺桥向和横桥向水平地震力可按式（6.8.1）计算，并应符合下列规定：

$$E_{hau} = \frac{C_i C_s A G_{au}}{g} \quad (6.8.1)$$

式中：E_{hau}——作用于台身质心处的水平地震作用力（kN）；

G_{au}——基础顶面以上台身的重力（kN）。

1 对于修建在基岩上的桥台，其水平地震力可按式（6.8.1）计算值的 80% 采用。

2 验算设有固定支座的梁桥桥台时，还应计入由上部结构所产生的水平地震力，其值按式（6.8.1）计算，但 G_{au} 取一孔梁的重力。

条文说明

一般情况下，桥台为重力式桥台，其质量和刚度都非常大，可采用静力法计算。

6.8.2 作用在桥台上的主动土压力和动水压力应按本规范第 5.5 节的规定计算。

7 强度与变形验算

7.1 一般规定

7.1.1 桥梁抗震设防目标应符合本规范第 3.1.2 条的规定。

7.1.2 B 类、C 类梁桥基础、盖梁、梁体以及墩柱的抗剪应按能力保护原则设计，在 E2 地震作用下基本不发生损伤。

条文说明

为了使桥梁的延性构件在 E2 地震作用下发挥延性变形能力和耗能能力，防止结构出现脆性破坏，盖梁及梁体在地震作用下不应损伤，盖梁、梁体与墩柱的抗剪应按能力保护原则设计。而桥梁基础一旦发生损伤后很难发现和修复，因此要求在 E2 地震作用下基本不发生损伤，也按能力保护原则设计。

7.1.3 在 E2 地震作用下，钢筋混凝土拱桥的主拱圈、基础和主要受力构件应基本不发生损伤；对系杆拱桥，其桥墩、支座和基础的抗震性能可按梁桥的要求进行抗震设计。

条文说明

钢筋混凝土拱桥的主拱圈是拱桥的主要受力构件，由于其承受很大的轴力，延性能力非常小，为了保证其抗震安全，要求在 E2 地震作用下基本不发生损伤。典型系杆拱桥的桥墩、基础的受力特性与梁桥接近，因此，可按同类梁桥桥墩的要求进行抗震设计。

7.1.4 D 类桥梁、圬工拱桥、重力式桥墩和桥台，可只进行 E1 地震作用下结构的强度验算。

条文说明

本规范第 6.1.10 条规定，D 类桥梁、圬工拱桥、重力式桥墩和桥台，可只进行 E1 地震作用下的抗震分析和设计，因此，可只进行 E1 地震作用下结构的强度验算。

7.2 D类桥梁、圬工拱桥、重力式桥墩和桥台强度验算

7.2.1 顺桥向和横桥向 E1 地震作用效应和永久作用效应组合后,应按现行公路桥涵设计规范相关规定验算重力式桥墩、桥台、圬工拱桥主拱及基础的强度、偏心、稳定性。

7.2.2 顺桥向和横桥向 E1 地震作用效应和永久作用效应组合后,应按现行公路桥涵设计规范相关规定验算 D 类桥梁桥墩、盖梁和基础的强度。

7.2.3 D 类桥梁和重力式桥墩桥梁支座抗震能力可按下列方法验算。
1 板式橡胶支座的抗震验算:
1) 支座厚度按式(7.2.3-1)、式(7.2.3-2)验算:

$$\sum t \geqslant \frac{X_E}{\tan\gamma} = X_E \tag{7.2.3-1}$$

$$X_E = \alpha_d X_D + X_H + 0.5 X_T \tag{7.2.3-2}$$

式中:X_E——考虑地震作用、均匀温度作用和永久作用组合后的橡胶支座位移(m);
$\sum t$——橡胶层的总厚度(m);
$\tan\gamma$——橡胶片剪切角正切值,取 $\tan\gamma = 1.0$;
X_D——E1 地震作用下橡胶支座的水平位移(m);
X_H——永久作用产生的橡胶支座的水平位移(m);
X_T——均匀温度作用产生橡胶支座的水平位移(m);
α_d——支座调整系数,一般取 2.3。

2) 支座抗滑稳定性按式(7.2.3-3)、式(7.2.3-4)验算:

$$\mu_d R_b \geqslant E_{hzh} \tag{7.2.3-3}$$

$$E_{hzh} = \alpha_d E_{hze} + E_{hzd} + 0.5 E_{hzT} \tag{7.2.3-4}$$

式中:μ_d——支座的动摩阻系数,橡胶支座与混凝土表面的动摩阻系数取 0.25,与钢板的动摩阻系数取 0.20;
E_{hzh}——支座水平组合地震力(kN);
R_b——上部结构重力在支座上产生的反力(kN);
E_{hze}——E1 地震作用下橡胶支座的水平地震力(kN);
E_{hzd}——永久作用产生的橡胶支座的水平力(kN);
E_{hzT}——均匀温度引起的橡胶支座的水平力(kN);
α_d——支座调整系数,一般取 2.3。

2 盆式支座和球形支座的抗震验算:
1) 活动支座按式(7.2.3-5)验算:

$$X_E \leqslant X_{max} \tag{7.2.3-5}$$

2）固定支座按式（7.2.3-6）验算：

$$E_{hzh} \leq E_{max} \qquad (7.2.3-6)$$

式中：X_{max}——活动支座容许滑动的水平位移（m）；
E_{max}——固定支座容许承受的水平力（kN）。

条文说明

对于 D 类桥梁、圬工拱桥、重力式桥墩和桥台只要求进行 E1 地震作用下的地震验算，但对于支座，如只进行 E1 地震作用下的验算，可能导致在 E2 地震作用下支座破坏，造成落梁，因此，支座需要考虑 E2 地震作用下不破坏。但为了简化计算，在进行 D 类桥梁、圬工拱桥、重力式桥墩等的支座抗震验算时，虽然只进行 E1 地震作用下的地震反应分析，但采用一个支座调整系数 α_d 来考虑 E2 地震作用效应，通过大量分析，建议取 $\alpha_d = 2.3$。

7.3 B 类、C 类桥梁抗震强度验算

7.3.1 顺桥向和横桥向 E1 地震作用效应和永久作用效应组合后，应按现行公路桥涵设计规范相关规定验算桥墩的强度。

条文说明

根据两水准抗震设防要求，在 E1 地震作用下要求结构保持弹性，基本无损伤。E1 地震作用效应和自重荷载效应组合后，按现行公路桥涵设计规范有关偏心受压构件的规定进行验算。

7.3.2 对于计算长度与矩形截面计算方向的尺寸之比小于 2.5（或墩柱的计算长度与圆形截面直径之比小于 2.5）的矮墩，顺桥向和横桥向 E2 地震作用效应和永久作用效应组合后，应按现行公路桥涵设计规范相关规定验算桥墩的强度。

条文说明

地震作用下，矮墩的主要破坏模式为剪切破坏，为脆性破坏，没有延性。因此 E2 地震作用效应和永久作用效应组合后，按现行公路桥涵设计规范相应的规定验算桥墩的强度。

7.3.3 顺桥向和横桥向 E2 地震作用效应和永久作用效应组合后，应按现行公路桥涵设计规范相关规定验算拱桥主拱圈、联结系和桥面系的强度。

条文说明

主拱圈是拱桥的主要受力构件，由于其承受很大的轴力，延性能力非常小，为了保证其抗震安全，要求在 E2 地震作用下基本不发生损伤，应按现行公路桥涵设计规范相应的规定验算拱桥主拱圈、联结系和桥面系的强度。

7.3.4 墩柱塑性铰区域沿顺桥向和横桥向的斜截面抗剪强度应按式（7.3.4-1）~式（7.3.4-6）验算：

$$V_{c0} \leqslant \phi(V_c + V_s) \tag{7.3.4-1}$$

$$V_c = 0.1 v_c A_e \tag{7.3.4-2}$$

$$v_c = \begin{cases} 0, & P_c \leqslant 0 \\ \lambda\left(1 + \dfrac{P_c}{1.38 A_g}\right)\sqrt{f_{cd}} \leqslant \min\begin{cases} 0.355\sqrt{f_{cd}} \\ 1.47\lambda\sqrt{f_{cd}} \end{cases}, & P_c > 0 \end{cases} \tag{7.3.4-3}$$

$$0.03 \leqslant \lambda = \dfrac{\rho_s f_{yh}}{10} + 0.38 - 0.1\mu_\Delta \leqslant 0.3 \tag{7.3.4-4}$$

$$\rho_s = \begin{cases} \dfrac{4 A_{sp}}{s D'}, & \text{圆形截面} \\ \dfrac{2 A_v}{bs}, & \text{矩形截面} \end{cases} \leqslant 2.4/f_{yh} \tag{7.3.4-5}$$

$$V_s = \begin{cases} 0.1 \times \dfrac{\pi}{2} \dfrac{A_{sp} f_{yh} D'}{s}, & \text{圆形截面} \\ 0.1 \times \dfrac{A_v f_{yh} h_0}{s}, & \text{矩形截面} \end{cases} \leqslant 0.08\sqrt{f_{cd}} A_e \tag{7.3.4-6}$$

式中：V_{c0}——剪力设计值（kN），可按本规范第 6.7 节计算；

V_c——塑性铰区混凝土的抗剪能力贡献（kN）；

V_s——横向钢筋的抗剪能力贡献（kN）；

v_c——塑性铰区混凝土抗剪强度（MPa）；

f_{cd}——混凝土抗压强度设计值（MPa）；

A_g——墩柱塑性铰区域截面全面积（cm²）；

A_e——核心混凝土面积（cm²），可取 $A_e = 0.8 A_g$；

μ_Δ——桥墩构件位移延性系数，为构件位移需求与构件屈服位移之比，可按本规范附录 D 计算，或近似取 6.0；

P_c——墩柱截面最小轴力（kN），对于框架墩横桥向可按本规范第 6.7.5 条计算；

A_{sp}——螺旋箍筋面积（cm²）；

A_v——计算方向上箍筋面积总和（cm²）；

s——箍筋的间距（cm）；

f_{yh}——箍筋抗拉强度设计值（MPa）；
 b——墩柱的宽度（cm）；
 D'——螺旋箍筋环的直径（cm）；
 h_0——核心混凝土受压边缘至受拉侧钢筋重心的距离（cm）；
 ϕ——抗剪强度折减系数，$\phi=0.85$。

条文说明

地震中大量钢筋混凝土墩柱的剪切破坏表明，在墩柱塑性铰区域由于弯曲延性增加会使混凝土所提供的抗剪强度降低。为此，各国对墩柱塑性铰区域的抗剪强度进行了许多研究，美国 ACI-319-89 要求在端部塑性铰区域当轴压比小于 0.05 时，不考虑混凝土的抗剪能力，新西兰规范 NZS-3101 中规定当轴压比小于 0.1 时，不考虑混凝土的抗剪能力。89 规范没有对地震荷载作用下的钢筋混凝土墩柱抗剪设计作出特别的规定，工程设计中缺乏有效的依据，只能套用普通设计中采用的斜截面强度设计公式来进行设计和校核，存在较大缺陷。08 细则编写时根据美国加州桥梁抗震设计规范的抗剪计算公式进行了简化，给出了抗剪计算公式，但在使用中发现该公式过于保守。本次修订，采用美国 *AASHTO Guide Specifications for LRFD Seismic Bridge Design*（2014 年版）的抗剪计算公式，计算复杂一些，但更接近实际。

桥墩构件位移延性系数 μ_Δ 的说明参见本规范第 7.4.2 条的条文说明，如不进行计算，μ_Δ 近似取 6.0 是很保守的取值，会低估墩柱的抗剪能力。

7.3.5 应根据本规范第 6.7 节计算出的基础弯矩、剪力和轴力设计值和永久作用效应组合，按本规范第 4 章以及现行《公路桥涵地基与基础设计规范》（JTG 3363）和《公路钢筋混凝土及预应力混凝土桥涵设计规范》（JTG 3362）进行桩基础单桩承载能力和单桩截面强度验算。在验算桩基础截面抗弯强度时，截面抗弯能力可采用材料强度标准值计算。

7.3.6 应根据本规范第 6.7 节计算出的盖梁弯矩设计值、剪力设计值和永久作用效应组合，按现行《公路钢筋混凝土及预应力混凝土桥涵设计规范》（JTG 3362）验算盖梁的正截面抗弯强度和斜截面抗剪强度。在验算盖梁截面抗弯强度时，截面抗弯能力可采用材料强度标准值计算。

条文说明

7.3.5～7.3.6 对桩基础和盖梁的抗震验算作出了规定，桩基础和盖梁作为能力保护构件，要求其在 E2 地震作用下基本不发生损伤，按能力保护原则设计，参照现行公路桥涵设计规范相关规定进行验算。

7.4 B 类、C 类桥梁墩柱的变形验算

7.4.1 E2 地震作用下，可按本规范式（7.4.3-1）验算桥墩墩顶的位移，对高宽比小于 2.5 的矮墩，可不验算桥墩的变形，但应按本规范第 7.3.2 条验算抗弯和抗剪强度。采用非线性时程进行地震反应分析的桥梁，可按本规范式（7.4.3-2）验算塑性转角。

7.4.2 在进行桥墩位移验算时，按弹性方法计算出的地震位移应乘以考虑弹塑性效应的地震位移修正系数 R_d，地震位移修正系数 R_d 可按式（7.4.2-1）~式（7.4.2-3）计算：

$$R_d = \left(1 - \frac{1}{\mu_\Delta}\right)\frac{T^*}{T} + \frac{1}{\mu_\Delta} \geq 1.0, \frac{T^*}{T} > 1.0 \quad (7.4.2\text{-}1)$$

$$R_d = 1.0, \frac{T^*}{T} \leq 1.0 \quad (7.4.2\text{-}2)$$

$$T^* = 1.25 T_g \quad (7.4.2\text{-}3)$$

式中：T——计算方向的结构第一阶自振周期；
　　　T_g——反应谱特征周期；
　　　μ_Δ——桥墩构件位移延性系数，可按本规范附录 D 计算，或近似取 6.0。

条文说明

本条规定参考了美国 *AASHTO Guide Specifications for LRFD Seismic Bridge Design*（2014 年版）的相关规定。

研究表明，常规桥梁基本上都满足式（7.4.2-2）的条件，此时 $R_d = 1$，即位移不需要修正，只有极个别情况下位移需要修正。

当满足式（7.4.2-1）的条件时，地震位移修正系数 R_d 的计算要用到桥墩构件位移延性系数 μ_Δ，位移延性系数 μ_Δ 为构件位移需求与构件屈服位移之比，可按本规范附录 D 计算。但需注意，由于位移延性系数与墩柱地震位移需求相关，而地震位移需求的修正又要用到位移延性系数，如修正量过大，则需要进行迭代计算，但研究表明，这种情况基本上不会出现。

7.4.3 E2 地震作用下，应按式（7.4.3-1）、式（7.4.3-2）验算顺桥向和横桥向桥墩墩顶的位移或桥墩潜在塑性铰区域塑性转动能力：

$$\Delta_d \leq \Delta_u \quad (7.4.3\text{-}1)$$

$$\theta_p \leq \theta_u \quad (7.4.3\text{-}2)$$

式中：Δ_d——E2 地震作用下墩顶的位移（cm），当采用弹性方法计算 E2 地震作用下的墩顶位移时，则应乘以本规范第 7.4.2 条规定的地震位移修正系数；

Δ_u——桥墩容许位移（cm），可按本规范第 7.4.4 条和第 7.4.6 条计算；

θ_p——E2 地震作用下，潜在塑性铰区域的塑性转角；

θ_u——塑性铰区域的最大容许转角，可按本规范式（7.4.5）计算。

7.4.4 单柱墩容许位移可按式（7.4.4-1）~式（7.4.4-4）计算：

$$\Delta_u = \frac{1}{3}H^2\phi_y + \left(H - \frac{L_p}{2}\right)\theta_u \quad (7.4.4\text{-}1)$$

$$L_{p1} = 0.08H + 0.022f_y d_s \geq 0.044f_y d_s \quad (7.4.4\text{-}2)$$

$$L_{p2} = \frac{2}{3}b \quad (7.4.4\text{-}3)$$

$$L_p = \min(L_{p1}; L_{p2}) \quad (7.4.4\text{-}4)$$

式中：H——悬臂墩的高度或塑性铰截面到反弯点的距离（cm）；

ϕ_y——截面的等效屈服曲率（1/cm），一般情况下，可按本规范第 7.4.7 条计算，但对于矩形截面和圆形截面桥墩，可按本规范附录 A 计算；

θ_u——塑性铰区域的最大容许转角，可按本规范式（7.4.5）计算；

L_p——等效塑性铰长度（cm），取式（7.4.4-2）和式（7.4.4-3）计算结果的较小值；

b——矩形截面的短边尺寸或圆形截面的直径（cm）；

f_y——纵向钢筋抗拉强度标准值（MPa）；

d_s——纵向钢筋的直径（cm）。

条文说明

等效塑性铰长度 L_p 同塑性变形的发展和极限压应变有很大的关系，由于试验结果离散性很大，目前主要用经验公式来确定。本规范引用了美国 AASHTO 桥梁抗震设计规范的相关公式。

7.4.5 塑性铰区域的最大容许转角应根据极限破坏状态的曲率能力，按式（7.4.5）计算：

$$\theta_u = \frac{L_p(\phi_u - \phi_y)}{K_{ds}} \quad (7.4.5)$$

式中：ϕ_u——极限破坏状态的曲率能力（1/cm），一般情况下，可按本规范第 7.4.8 条计算，但对于矩形截面和圆形截面桥墩，可按本规范附录 A 计算；

K_{ds}——延性安全系数，可取 2.0。

条文说明

假设截面的弹性曲率沿墩柱轴向为线性分布、塑性曲率在塑性铰范围内均匀分布且塑性转动集中在塑性铰的中心位置（图 7-1），塑性铰的长度为 L_p，则可得到塑性铰的极限塑性转角。

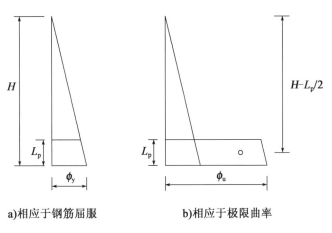

a) 相应于钢筋屈服　　　b) 相应于极限曲率

图 7-1　曲率分布模式

7.4.6　对双柱墩、排架墩，其顺桥向的容许位移可按本规范式（7.4.4）计算，横桥向的容许位移可在盖梁处施加水平力 F（图 7.4.6），进行非线性静力分析，当墩柱的任一塑性铰达到其最大容许转角时，盖梁处的横向水平位移即为容许位移。

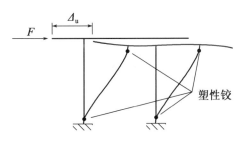

图 7.4.6　双柱墩的容许位移

条文说明

对于双柱墩横桥向，由于很难根据塑性铰转动能力直接给出计算墩顶容许位移的计算公式，建议采用推倒分析方法，计算墩顶容许位移。

7.4.7　截面的等效屈服曲率 ϕ_y 和等效屈服弯矩 M_y 可通过把实际的轴力-弯矩-曲率曲线等效为理想弹塑性轴力-弯矩-曲率曲线来求得（图 7.4.7），等效方法可根据图中两个阴影面积相等求得，计算中应考虑最不利轴力组合。

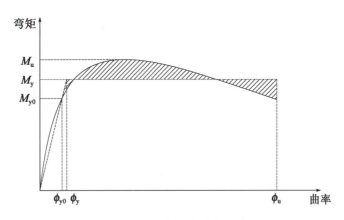

图 7.4.7 弯矩-曲率曲线

图中：M_{y0} 和 ϕ_{y0} 分别为截面初始屈服弯矩和初始屈服曲率；M_u 和 ϕ_u 分别为截面极限弯矩和极限破坏状态的曲率能力。

条文说明

钢筋混凝土延性构件的塑性弯曲能力可以根据材料的特性，通过截面的轴力-弯矩-曲率（P-M-ϕ）分析来得到，截面的轴力-弯矩-曲率（P-M-ϕ）关系曲线，可采用条带法（图7-2）计算，其基本假定为：

（1）平截面假定。
（2）剪切应变的影响忽略不计。
（3）钢筋和混凝土之间无滑移现象。

用条带法求轴力-弯矩-曲率（P-M-ϕ）关系时有两种方法，即逐级加荷载法和逐级加变形法。逐级加荷载法的主要问题是每改变一次荷载，截面曲率和应变都要同时改变，而且加载到最大弯矩之后，曲线进入软化段，很难确定相应的曲率和应变，所以一般采用逐级加变形法。

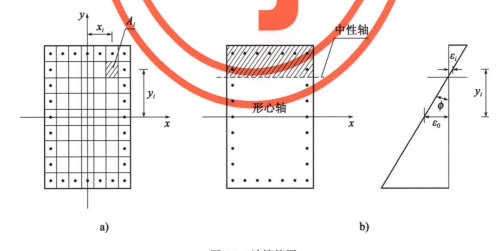

图 7-2 计算简图

7.4.8 极限破坏状态的曲率能力 ϕ_u 应通过考虑最不利轴力组合的 P-M-ϕ 曲线确定，

为混凝土应变达到极限压应变 ε_{cu}，或约束钢筋达到折减极限应变 ε_{su}^R，或纵筋达到折减极限应变 ε_{lu} 时（纵筋折减极限应变取值0.1）。混凝土的极限压应变 ε_{cu} 可按式（7.4.8-1）、式（7.4.8-2）计算：

$$\varepsilon_{cu} = 0.004 + \frac{1.4\rho_s f_{kh} \varepsilon_{su}^R}{f'_{cc}} \tag{7.4.8-1}$$

式中：ρ_s——约束钢筋的体积含筋率，对于矩形箍筋：

$$\rho_s = \rho_x + \rho_y \tag{7.4.8-2}$$

ρ_x，ρ_y——分别为顺桥向与横桥向箍筋体积含筋率；
f_{kh}——箍筋抗拉强度标准值（MPa）；
f'_{cc}——约束混凝土的峰值应力（MPa），一般情况下可取1.25倍的混凝土抗压强度标准值；
ε_{su}^R——约束钢筋的折减极限应变，$\varepsilon_{su}^R = 0.09$。

条文说明

约束混凝土的极限压应变 ε_{cu}，定义为横向约束箍筋开始发生断裂时的混凝土压应变，可由横向约束钢筋达到最大应力时所释放的总应变能与混凝土由于横向钢筋的约束作用而吸收的能量相等的条件进行推导。美国 Mander 给出的混凝土极限压应变的保守估计见式（7-1）：

$$\varepsilon_{cu} = 0.004 + \frac{1.4\rho_s f_{kh} \varepsilon_{su}^R}{f'_{cc}} \tag{7-1}$$

7.5 B类、C类桥梁的支座验算

7.5.1 板式橡胶支座的抗震验算应符合下列要求：
1 支座厚度按式（7.5.1-1）、式（7.5.1-2）验算：

$$\sum t \geq \frac{X_B}{\tan\gamma} = X_B \tag{7.5.1-1}$$

$$X_B = X_D + X_H + 0.5X_T \tag{7.5.1-2}$$

式中：$\sum t$——橡胶层的总厚度（m）；
$\tan\gamma$——橡胶片剪切角正切值，取 $\tan\gamma = 1.0$；
X_B——按本规范第6.7.6条计算的支座水平地震设计力产生的支座水平位移、永久作用效应以及均匀温度作用效应组合后的橡胶支座水平位移（m）；
X_D——按本规范第6.7.6条计算的支座水平地震设计力产生的支座水平位移（m）；
X_H——永久作用产生的橡胶支座的水平位移（m）；
X_T——均匀温度作用引起的橡胶支座的水平位移（m）。

2 支座抗滑稳定性按式（7.5.1-3）、式（7.5.1-4）验算：

$$\mu_d R_b \geqslant E_{hzh} \tag{7.5.1-3}$$

$$E_{hzh} = E_{hze} + E_{hzd} + 0.5 E_{hzT} \tag{7.5.1-4}$$

式中：μ_d——支座的动摩阻系数，橡胶支座与混凝土表面的动摩阻系数采用 0.25，与钢板的动摩阻系数采用 0.20；

E_{hzh}——按照本规范第 6.7.6 条计算的支座水平地震设计力、永久作用效应以及均匀温度作用效应组合后橡胶支座所受水平力（kN）；

E_{hze}——按本规范第 6.7.6 条计算的支座水平地震设计力（kN）；

E_{hzd}——永久作用产生的橡胶支座的水平力（kN）；

E_{hzT}——均匀温度作用引起的橡胶支座的水平力（kN）。

7.5.2 盆式支座和球型支座的抗震验算应符合下列要求：

1 活动支座按式（7.5.2-1）、式（7.5.2-2）验算：

$$X_B \leqslant X_{max} \tag{7.5.2-1}$$

$$X_B = X_D + X_H + 0.5 X_T \tag{7.5.2-2}$$

2 固定支座按式（7.5.2-3）、式（7.5.2-4）：

$$E_{hzh} \leqslant E_{max} \tag{7.5.2-3}$$

$$E_{hzh} = E_{hze} + E_{hzd} + 0.5 E_{hzT} \tag{7.5.2-4}$$

式中：X_B——E2 地震作用效应、永久作用效应以及均匀温度作用组合后得到的活动支座滑动水平位移（m）；

X_{max}——活动支座容许滑动水平位移（m）；

E_{hzh}——按照本规范第 6.7.6 条计算的支座水平地震设计力、永久作用效应以及均匀温度作用组合后得到的固定支座水平力设计值（kN）；

E_{max}——固定支座容许承受的水平力（kN）。

8 延性构造细节设计

8.1 一般规定

8.1.1 本章适用于采用延性抗震设计的常规桥梁的构造细节设计。

8.2 墩柱构造细节设计

8.2.1 对抗震设防烈度为Ⅶ度及Ⅶ度以上地区的常规桥梁，墩柱潜在塑性铰区域加密箍筋的配置，应符合下列要求：

1 加密区的长度不应小于等效塑性铰长度 L_p 或弯曲方向截面尺寸的1.5倍或墩柱上弯矩超过最大弯矩75%的范围；当墩柱的高度与横截面短边宽度之比小于2.5时，箍筋加密区的长度应取墩柱全高。对于桩基直径与桥墩直径相同的桩柱式桥墩，箍筋加密区应延伸至桩位处最大冲刷线以下3倍桩径处。

2 加密区箍筋沿墩高纵向最大间距不应大于10cm或 $6d_s$ 或 $b/4$（其中 d_s 为墩柱纵向钢筋的直径，b 为墩柱横截面的短边宽度）。

3 箍筋的直径不应小于10mm。

4 螺旋式箍筋接头应采用对接，矩形箍筋端部应有135°弯钩，弯钩伸入核心混凝土内的长度应大于6倍箍筋直径，且不小于10cm。

5 加密区箍筋肢距不宜大于25cm；截面宽度内采用拉结筋时，其至少一端采用135°弯钩，弯钩伸入核心混凝土内的长度应大于6倍箍筋直径，且不小于10cm。

6 塑性铰加密区域配置的箍筋应延续到盖梁和承台内，延伸到盖梁和承台的距离应按施工允许的最大距离确定。

条文说明

横向钢筋在桥梁墩柱中的功能主要有以下三个方面：
（1）用于约束塑性铰区域内混凝土，提高混凝土的抗压强度和延性；
（2）提供抗剪能力；
（3）防止纵向钢筋压曲。

在处理横向钢筋的细部构造时需特别注意，由于表层混凝土保护层不受横向钢筋约束，在地震作用下会剥落，这层混凝土不能为横向钢筋提供锚固。因此，所有箍筋都要采用等强度焊接来闭合，或者在端部弯过纵向钢筋到混凝土核心内，角度至少为135°。

为了防止纵向受压钢筋的屈曲，矩形箍筋和螺旋箍筋的间距不能过大，Priestley通过分析研究，建议箍筋之间的间距满足式（8-1）：

$$s \leq \left[3 + 6\left(\frac{f_u}{f_y} - 1\right)\right]d_s \tag{8-1}$$

式中：f_y，f_u——纵向钢筋的屈服强度和极限强度；

d_s——纵向钢筋的直径。

箍筋加密区的长度参照2014版美国AASHTO桥梁抗震设计规范做了修订，同时增加了桩柱式桥墩箍筋加密区的规定。

8.2.2 对抗震设防烈度Ⅶ度、Ⅷ度地区，圆形、矩形墩柱潜在塑性铰区域内加密箍筋的最小配箍率$\rho_{s,\min}$，应按式（8.2.2-1）、式（8.2.2-2）计算。对抗震设防烈度Ⅸ度及Ⅸ度以上地区，圆形、矩形墩柱潜在塑性铰区域内加密箍筋的最小配箍率$\rho_{s,\min}$应比抗震设防烈度Ⅶ度、Ⅷ度地区适当增大，以提高其延性能力。

圆形截面：

$$\rho_{s,\min} = \left[0.14\eta_k + 5.84(\eta_k - 0.1)(\rho_t - 0.01) + 0.028\right]\frac{f_{ck}}{f_{yh}} \geq 0.004 \tag{8.2.2-1}$$

矩形截面：

$$\rho_{s,\min} = \left[0.1\eta_k + 4.17(\eta_k - 0.1)(\rho_t - 0.01) + 0.02\right]\frac{f_{ck}}{f_{yh}} \geq 0.004 \tag{8.2.2-2}$$

式中：$\rho_{s,\min}$——对于矩形截面为截面计算方向的配箍率，对于圆形截面为截面螺旋箍筋的体积配箍率；

η_k——轴压比，为结构的最不利组合轴向压力与柱的全截面面积和混凝土轴心抗压强度设计值乘积之比值；

ρ_t——纵向配筋率；

f_{ck}——混凝土抗压强度标准值（MPa）；

f_{yh}——箍筋抗拉强度设计值（MPa）。

条文说明

各国抗震设计规范对塑性铰区域横向钢筋的最小配筋率都进行了具体规定。表8-1为美国AASHTO抗震设计规范、欧洲抗震设计规范Eurocode 8、《公路工程抗震设计规范》（JTJ 004—1989）及《建筑抗震设计规范》（GB 50011—2010）对横向钢筋最小配筋率的具体规定。同济大学通过大量的试验和分析，结合我国的实际情况，对横向钢筋最小配筋率进行了研究，并提出了式（8.2.2-1）和式（8.2.2-2）的计算公式。

若假定钢筋混凝土墩柱为矩形截面，混凝土的强度等级为C30，箍筋的屈服应力为240MPa，保护层混凝土厚度与截面尺寸之比为1/20，则各国规范规定的最小配筋率和轴压比的关系如图 8-1 所示。

表 8-1 各国规范对横向构造的规定

抗震设计规范名称	螺旋箍筋或圆形箍筋	矩 形 箍 筋
美国 AASHTO 抗震设计规范	$\rho_v = 0.45 \dfrac{f'_c}{f_{yh}} \left[\dfrac{A_g}{A_{he}} - 1\right]$ 或 $\rho_v = 0.12 \dfrac{f'_c}{f_{yh}}$	$\rho_s = 0.3 \dfrac{f'_c}{f_{yh}} \left[\dfrac{A_g}{A_{he}} - 1\right]$ 或 $\rho_s = 0.12 \dfrac{f'_c}{f_{yh}}$
欧洲抗震设计规范 Eurocode 8	$\omega_{wd} \geq 1.4 \left[\dfrac{A_g}{A_{he}} \lambda \eta_k + 0.13 \dfrac{f_{yh}}{f'_c}(\rho_L - 0.01)\right]$ 或 $\omega_{wd} \geq 0.18$	$\omega_{wd} \geq \dfrac{A_g}{A_{he}} \lambda \eta_k + 0.13 \dfrac{f_{yh}}{f'_c}(\rho_L - 0.01)$ 或 $\omega_{wd} \geq 0.12$
《公路工程抗震设计规范》（JTJ 004—1989）		顺桥向和横桥向含箍率 $\rho_s = 0.3\%$
《建筑抗震设计规范》（GB 50011—2010）	$\rho_v = \lambda_v \dfrac{f'_c}{f_{yh}}$	$\rho_v = \lambda_v \dfrac{f'_c}{f_{yh}}$

注：A_g, A_{he}——墩柱横截面的面积和核心混凝土面积（按箍筋外围边长计算）；
$\quad f'_c$——混凝土强度；
$\quad f_{yh}$——箍筋抗拉强度设计值；
$\quad \omega_{wd}$——力学含箍率，$\omega_{wd} = \rho_s \dfrac{f'_c}{f_{yh}}$；
$\quad \lambda$——根据延性性能要求取的系数；
$\quad \eta_k$——截面轴压比；
$\quad \rho_L$——纵筋的配筋率；
$\quad \rho_s$——对于矩形截面为截面计算方向的含箍率，对于圆形截面为截面螺旋箍筋的体积配箍率；
$\quad \lambda_v$——最小配箍特征值。

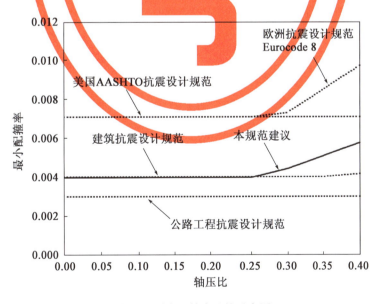

图 8-1 最小配箍率比较示意图

8.2.3 墩柱潜在塑性铰加密区外箍筋的配箍率应逐渐减小，但箍筋的配箍率不应小于塑性铰区域加密箍筋配箍率的50%，且箍筋直径和配置形式宜与加密区内相同。

8.2.4 延性墩柱的纵向钢筋宜对称配筋，纵向钢筋的面积不宜小于$0.006A_g$，且不应超过$0.04A_g$（其中A_g为墩柱截面总面积）。

条文说明

试验研究表明，沿截面布置若干适当分布的纵筋，纵筋和箍筋形成一整体骨架（图8-2），当混凝土纵向受压、横向膨胀时，纵向钢筋也会受到混凝土的压力，这时箍筋给予纵向钢筋约束作用。因此，为了确保对核心混凝土的约束作用，墩柱的纵向配筋宜对称配筋。

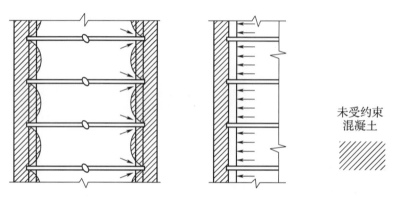

图8-2 柱中横向和纵向钢筋的约束作用

纵向钢筋对约束混凝土墩柱的延性有较大影响，因此，延性墩柱中纵向钢筋含量不能太低。重庆交通科研设计院通过大量的理论计算和试验研究表明，如果纵向钢筋含量低，即使箍筋含量较低，墩柱也会表现出良好的延性能力，但此时结构在地震作用下对延性的需求也会很大，因此，这种情况对结构抗震也是不利的。但纵向钢筋的含量太高，不利于施工，另外，纵向钢筋含量过高还会影响墩柱的延性，所以纵向钢筋的含量需有一上限。各国抗震设计规范都对墩柱纵向最小、最大配筋率进行了规定，其中，美国AASHTO抗震设计规范（2014年版）建议的纵筋配筋率范围为0.007~0.04，我国《建筑抗震设计规范》（GB 50011—2010）建议为0.004~0.05。根据我国桥梁结构的具体情况，本规范建议墩柱纵向钢筋的配筋率范围为0.006~0.04。

8.2.5 空心截面墩柱的钢筋配置，应符合下列要求：
1 应配置内外两层纵筋，配筋率限值与普通截面墩柱相同。
2 应至少配置内外两层闭合环形箍筋或矩形箍筋，并配置多个闭合箍筋或拉结筋，如图8.2.5所示。
3 箍筋的配置应满足本规范第8.2.1条、第8.2.2条和第8.2.3条的要求。

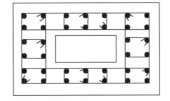

a)圆形空心截面   b)矩形空心截面

图 8.2.5　常用空心截面类型

8.2.6 墩柱的纵向钢筋应满足下列要求：

1　墩柱纵向钢筋宜延伸至盖梁顶面和承台底面。

2　墩柱纵向钢筋的锚固和搭接长度应在现行《公路钢筋混凝土及预应力混凝土桥涵设计规范》（JTG 3362）要求的基础上增加 $10d_s$（d_s 为纵向钢筋的直径），不应在塑性铰区域进行纵向钢筋连接。

3　塑性铰区外纵向钢筋连接时，区段内连接受力钢筋的截面面积占总截面面积的百分数应满足现行《公路钢筋混凝土及预应力混凝土桥涵设计规范》（JTG 3362）的要求，相邻两根纵向钢筋的连接处至少应错开 60cm 以上。

4　桥墩伸入盖梁和承台的束筋应增加锚固长度，对于由 2 根钢筋组成的束筋应增加 20% 的锚固长度，对于由 3 根钢筋组成的束筋应增加 50% 的锚固长度，4 根及 4 根以上钢筋组成的束筋不得在延性构件中使用。

条文说明

为保证在地震荷载作用下，纵向钢筋不发生黏结破坏，墩柱的纵筋宜延伸至盖梁顶面和承台底面，即使在满足纵筋的锚固长度条件下，也要延伸至施工允许的最大距离。纵筋的锚固和搭接长度应在现行《公路钢筋混凝土及预应力混凝土桥涵设计规范》（JTG 3362）的要求基础上增加 $10d_s$（d_s 为纵向钢筋的直径），不应在塑性铰区域进行纵向钢筋的搭接。

8.2.7　对抗震设防烈度Ⅶ度、Ⅷ度地区，单箱或多箱空心墩柱的潜在塑性铰区，矩形墩柱在计算方向的内箱尺寸 b 和壁厚 h 之比 b/h 或圆形墩柱内箱直径 D_1 和壁厚 h 之比 D_1/h 不宜大于 8。在地震作用下轴压比小于 0.2 时，最小配箍率 $\rho_{s,min}$ 可适当降低，但不应低于 0.3%，并应加强构造设计，确保纵向钢筋不发生屈服。

条文说明

本条参照 2005 版欧洲桥梁抗震设计规范制定。

8.3 节点构造细节设计

8.3.1 节点的主拉应力和主压应力可按式（8.3.1-1）～式（8.3.1-5）计算：

$$\begin{matrix}\sigma_c\\ \sigma_t\end{matrix} = \frac{f_v + f_h}{2} \pm \sqrt{\left(\frac{f_v - f_h}{2}\right)^2 + v_{jh}^2} \qquad (8.3.1\text{-}1)$$

$$v_{jh} = v_{jv} = \frac{V_{jh}}{b_{je} h_b} \times 10^{-3} \qquad (8.3.1\text{-}2)$$

$$V_{jh} = T_c^t + C_c^b \qquad (8.3.1\text{-}3)$$

$$f_v = \frac{P_c^b + P_c^t}{2 b_b h_c} \times 10^{-3} \qquad (8.3.1\text{-}4)$$

$$f_h = \frac{P_b}{b_{je} h_b} \times 10^{-3} \qquad (8.3.1\text{-}5)$$

式中：σ_c，σ_t——分别为节点的名义主压应力和名义主拉应力（MPa）；

　　　v_{jh}——节点的水平方向名义剪应力（MPa）；

　　　v_{jv}——节点的竖直方向名义剪应力（MPa）；

　　　V_{jh}——节点的名义剪力（kN），如图 8.3.1 所示；

　　　T_c^t——考虑超强系数 ϕ^o（$\phi^o = 1.2$）的混凝土墩柱纵筋拉力（kN），如图 8.3.1 所示；

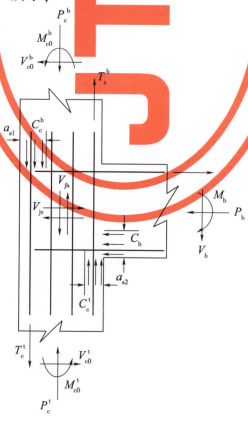

图 8.3.1　节点受力图

C_c^b——考虑超强系数 ϕ^o（$\phi^o=1.2$）的混凝土墩柱受压区压应力合力（kN），如图 8.3.1 所示；

f_v，f_h——分别为节点沿竖直方向和水平方向的正应力（MPa）；

b_{je}，h_b——分别为横梁横截面的宽度和高度（m）；

b_b，h_c——分别为上立柱横截面的宽度和高度（m）；

P_c^b，P_c^t——分别为上下立柱的轴力（kN）；

P_b——横梁的轴力（kN）（包括预应力产生的轴力）。

8.3.2 如主拉应力 $\sigma_t \leqslant 0.34\sqrt{f_{cd}}$（MPa），节点的水平和竖向箍筋配置可按式（8.3.2）计算：

$$\rho_{s,min} = \rho_x + \rho_y = \frac{0.34\sqrt{f_{cd}}}{f_{yh}} \tag{8.3.2}$$

式中：f_{cd}——混凝土抗压强度设计值；

f_{yh}——箍筋抗拉强度设计值；

8.3.3 如主拉应力 $\sigma_t > 0.34\sqrt{f_{cd}}$（MPa），应按下列要求进行节点的水平和竖向箍筋配置：

1 节点中的横向配箍率不应小于本规范第 8.2.1 条、第 8.2.2 条对塑性铰加密区域配箍率的要求，横向箍筋的配置如图 8.3.3 所示。

2 在距离墩柱侧面 $h_b/2$ 的盖梁范围内配置竖向箍筋（h_b 为盖梁的高度），竖向箍筋如图 8.3.3 所示，可按式（8.3.3）计算单侧竖向箍筋面积 A_v：

$$A_v \geqslant 0.174 A_s \tag{8.3.3}$$

式中：A_s——立柱纵向钢筋面积。

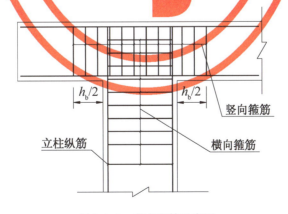

图 8.3.3 节点配筋示意图

3 节点中的竖向箍筋可取 $A_v/2$。

9 特殊桥梁抗震设计

9.1 一般规定

9.1.1 特殊桥梁包括斜拉桥、悬索桥、单跨跨径超过150m的梁桥和拱桥。

条文说明

近年来，我国修建了大量斜拉桥、悬索桥和单跨跨径150m以上的梁桥和拱桥。但由于这些桥梁的复杂性，每座桥可能又有其自身的独特性，很难给出全面完整的抗震设计规定，因此，本规范只对普遍适用的共性要求做出规定，具体设计时，要在本规范给出的抗震设计要求基础上，考虑桥梁的自身特点，进行专门研究和设计。这也是目前国际上通行的做法。

需要指出的是，特殊桥梁包括各种跨径的斜拉桥、悬索桥，其抗震设防分类按本规范第3.1.1条确定，抗震重要性系数按本规范表3.1.3-2确定，但抗震设防性能目标均按A类桥梁要求执行。

9.1.2 进行特殊桥梁地震反应分析时，宜按本规范第5.1.4条考虑地面运动的空间变化特征。

条文说明

国内外的研究表明，地面运动的空间变化特性，包括行波效应、相干效应以及局部场地效应，对特大跨径桥梁的抗震分析影响较大，而且也非常复杂，对不同类型桥梁的影响也可能完全不同或差异很大，因此，在开展抗震设计专项研究时通常进行多点非一致激励的抗震分析。

9.1.3 采用桩基时，应考虑桩土相互作用对桥梁地震响应的影响。

条文说明

地震时，上部结构的惯性力通过基础反馈给地基，使地基产生变形。在较硬的土层中，这种变形远小于地震波产生的变形。因此，当桥梁建在坚硬的地基上时，往往用刚性地基模型进行抗震分析，这种假设也是基本上符合实际的。但当桥梁建在软弱土层上时，地基的变形会使桥梁上部结构产生移动和摆动，从而导致上部结构的实际运动和按刚性地基模型假设进行抗震分析的计算结果之间有较大的差异。这是由地基和结构的相互作用引起的。

桩基础是建于软弱土层中的桥梁最常用的基础形式。桩土动力相互作用使结构的动力特性、阻尼和地震反应发生改变，而忽略这种改变的抗震分析可能导致较大的误差，并导致不安全的抗震设计。因此，进行桩基础特殊桥梁的抗震分析时，应考虑桩土相互作用。

9.1.4 特殊桥梁的抗震分析，应考虑一般冲刷、液化、地震动空间变化等各种可能的影响因素，根据各种可能出现的情况确定分析工况，并进行多工况抗震分析和抗震验算。

条文说明

因地震是小概率的偶然事件，发生地震时，桥梁的具体状况存在多种可能性，如基础可能没有冲刷，也可能处于一般冲刷或最大局部冲刷状态；地震时地基可能出现液化，也可能不出现液化；地震作用本身可能是一致激励，也可能是非一致激励，即存在空间变化。而哪种情况对桥梁结构的地震反应最为不利，事先也是未知的，因此抗震分析需考虑各种可能出现的情况，建立相应的计算模型并确定相应的地震作用方式和输入界面，进行多工况抗震分析和抗震验算。是否考虑最大局部冲刷计算工况，以及考虑最大局部冲刷时地震作用效应组合系数如何选取，目前研究工作还不够充分，抗震设计时，可根据工程的具体情况开展专门研究确定。

9.2 抗震概念设计

9.2.1 应尽量采用对称的结构形式，上、下部结构之间的连接构造应尽量均匀对称。

条文说明

一个良好的抗震结构体系应能使各部分结构合理地分担地震力，这样，各部分结构都能充分发挥自身的抗震能力，对保证桥梁结构的整体抗震性能比较有利。采用对称的结构形式是有利于各部分结构合理分担地震力的一个措施。

特殊桥梁的大部分质量集中在上部结构，因而地震惯性力也主要集中在上部结构。上部结构的地震惯性力一般通过上、下部结构之间的连接构造（支座等）传递给墩柱，再由墩柱传递给基础，进而传递给地基承受。一般来说，上部结构的设计主要由恒载、活载、温度荷载等控制。而墩柱在地震作用下将会受到较大的剪力和弯矩作用，一般由地震反应控制。因此需要很慎重地设置上、下部结构之间的连接构造。均匀对称地设置上、下部结构的连接构造可以使各下部结构均匀地分担地震力，有利于提高桥梁结构的整体抗震性能。

9.2.2 建在抗震设防烈度Ⅷ度、Ⅸ度地区的斜拉桥和悬索桥，应选择合适的塔、梁约束体系方案；如选择的塔、梁约束体系方案导致梁端位移过大，宜采用适当的减震装置降低地震响应。

条文说明

斜拉桥和悬索桥的抗震性能主要取决于结构体系。在地震作用下，塔、梁固结体系的塔柱内力与所有其他体系相比是最大的，在烈度较高的地区要避免采用。飘浮体系的塔柱内力反应较小，因此在烈度较高的地区应优先考虑，但飘浮体系可能导致过大的位移反应，如梁端位移反应过大，则伸缩缝的设置就比较困难，还可能会引起碰撞。这时，可以在塔与梁之间增设适当的减震装置（如阻尼器），形成塔、梁弹性约束体系或阻尼约束体系，以有效降低地震反应。

9.2.3 建在抗震设防烈度Ⅷ度、Ⅸ度地区的大跨径拱桥，主拱圈宜采用抗扭刚度较大、整体性较好的断面形式，肋拱桥应加强横向联系。

条文说明

拱桥的主拱圈在强烈地震作用下，不仅在拱平面内受弯，而且还在拱平面外受扭，当地基由于强烈地震产生不均匀沉陷时，主拱圈还会发生斜向扭转和斜向剪切。因此，大跨径拱桥的主拱圈宜采用抗扭刚度较大、整体性较好的断面形式。一般以采用箱形拱、板拱等闭合式断面为宜，不宜采用开口断面。当采用肋拱时，不宜采用石肋或混凝土肋，宜采用钢筋混凝土肋，并加强拱肋之间的横向联系，以提高主拱圈的横向刚度和整体性。

在拱平面内，从拱桥的振动特性看，拱圈与拱上建筑之间振动变形的不协调性将更加突出。为了消除或减少这种振动变形的不协调，宜在拱上立柱或立墙端设铰，允许这些部位有一些转动或变形。

9.2.4 建在抗震设防烈度Ⅷ度、Ⅸ度地区的下承式拱桥和中承式拱桥应设置风撑，并应加强端横梁刚度。

条文说明

在强烈地震作用下，为了保证大跨径拱桥不发生侧向失稳破坏，需采取提高拱桥整体性和稳定性的措施。如下承式和中承式拱桥设置风撑，并加强端横梁刚度；上承式拱桥加强拱脚部位的横向联系。

9.2.5 主要承重结构（塔、墩及拱桥主拱）宜选择有利于提高延性变形能力的结构形式及材料，避免发生脆性破坏。

9.3 建模与分析原则

9.3.1 特殊桥梁的地震反应分析可采用时程分析法、多振型反应谱法或功率谱法。时程分析结果应与多振型反应谱法相互校核，线性时程分析结果不应小于反应谱法结果的80%。

条文说明

　　特殊桥梁的结构构造比较复杂，因此地震反应也比较复杂，如高阶振型的影响不可忽略，多点非一致激励的影响可能较大。在地震中较易遭受破坏的细部结构，其地震反应往往是由高阶振型的贡献起控制作用。在拱桥的地震反应中，多点非一致激励的影响可能相当大。

　　反应谱法概念简单、计算方便，可以用较少的计算量获得结构的最大反应值。但是，反应谱法是线弹性分析方法，不能考虑各种非线性因素的影响，当非线性因素及多点非一致激励的影响显著时，反应谱法可能得不到正确的结果，或判断不出结构真正的薄弱部位。

　　现有研究表明，对于复杂桥梁结构的地震反应分析，应采用动力时程分析法。动力时程分析法可以精细地考虑桩土相互作用、地震动的空间变化的影响、结构的各种非线性因素（包括几何、材料、边界连接条件非线性）以及分块阻尼等问题。所以，时程分析法一般认为是精细的计算方法，但时程分析法的结果，依赖于地震动输入以及抗震分析时阻尼参数的选取，如地震输入选择不好，或者阻尼参数选取不恰当，均可能导致计算结果偏小。

　　因此，时程分析的结果应与反应谱法相互校核，以保证选取合适的设计地震动时程和阻尼参数。但是反应谱法只能进行线性分析，所以只能在不考虑非线性因素的情况下，通过线性时程分析结果和反应谱法分析结果的对比分析，在保证时程分析结果不小于反应谱法分析结果的80%的条件下选取合适的设计地震动时程和阻尼参数后，再进行非线性时程分析。

9.3.2 地震反应分析所采用的地震加速度时程、反应谱和功率谱的频谱含量应包括结构第一阶自振周期在内的长周期成分。

条文说明

　　结构的动力反应与结构的自振周期和地震动时程输入的频谱成分关系非常密切。特殊桥梁大多是柔性结构，第一阶振型的周期往往较长且贡献非常重要，因此提供的地震加速度时程或反应谱曲线的频谱含量应包括第一阶自振周期在内的长周期成分。

9.3.3 地震反应分析时，采用的计算模型必须真实模拟桥梁结构的刚度和质量分布及边界连接条件，并应满足下列要求：

1 应建立主桥与相邻引桥孔耦联的空间计算模型。

2 墩、塔、拱肋及拱上立柱可采用空间梁单元模拟；桥面系应视截面形式选用合理的计算模型；斜拉桥拉索、悬索桥主缆和吊杆、拱桥吊杆和系杆可采用空间桁架单元。

3 应考虑恒载作用下几何刚度和拉索垂度效应弹性模量修正等几何非线性影响。

4 进行非线性时程分析时，支承连接条件应采用能反映支座力学特性的单元模拟。

5 E1 地震作用下，墩柱截面抗弯刚度应采用全截面刚度；E2 地震作用下，墩柱截面抗弯刚度可采用开裂刚度，开裂刚度可取 0.8 倍全截面刚度，如边墩已进入塑性工作状态，则应选用适当的弹塑性单元来模拟。

条文说明

桥梁结构的刚度和质量分布，以及边界连接条件决定了结构本身的动力特性。因此，在大跨径桥梁的地震反应分析中，为了真实地模拟桥梁结构的力学特性，所建立的计算模型必须如实地反映结构的刚度和质量分布，以及边界连接条件。建立特殊桥梁的计算模型时，应满足以下要求：

（1）特殊桥梁结构主桥一般通过过渡孔与中小跨径引桥相连，因此主桥与引桥是互相影响的；另外，由于大跨径桥梁结构主桥与中小跨径引桥的动力特性差异，会使主、引桥在连接处产生较大的相对位移或支座损坏，从而导致落梁震害。因而，在结构计算分析时，需建立主桥与相邻引桥孔（联）耦联的计算模型。另外，特殊桥梁的空间性决定了其动力特性和地震反应的空间性，因而需建立三维空间计算模型。

（2）特殊桥梁的几何非线性主要来自三个方面：①（斜拉桥、悬索桥）缆索垂度效应，一般用等效弹性模量模拟；②梁柱效应，即梁柱单元轴向变形和弯曲变形的耦合作用，一般引入几何刚度矩阵来模拟，只考虑轴力对弯曲刚度的影响；③大位移引起的几何形状变化。但研究表明：大位移引起的几何形状变化对结构地震响应影响较小，一般可忽略。

（3）边界连接条件应根据具体情况进行模拟。反应谱法只能用于线性分析，因此边界条件只能采用主从关系粗略模拟；时程分析法可以精细地考虑各种非线性因素，因此建立计算模型时可真实地模拟结构的边界条件和墩柱的弹塑性性质。

9.3.4 当采用桩基时，桩土相互作用可采用等代土弹簧模拟，等代土弹簧的刚度可采用 m 法计算。

条文说明

等代土弹簧模拟可采用集中六弹簧模型或分布六弹簧模型，分布六弹簧模型即在每根桩处用六个自由度的弹簧刚度模拟桩土相互作用，一般来讲，对高桩承台，应采用分布六弹簧模型。集中六弹簧模型弹簧刚度计算方法与本规范第6.2.8条相同，分布六弹簧模型弹簧刚度计算方法可参照本规范第6.2.8条执行。

9.3.5 反应谱和功率谱分析应满足下列要求：

1 当墩、塔、锚碇基础建在不同土质条件的地基上时，可采用包络反应谱法或包络功率谱法计算。

2 进行多振型反应谱法分析时，应根据结构特点，考虑足够的振型，振型组合应采用CQC法。

条文说明

当考虑地震动空间变化的影响采用反应谱法分析时，欧洲规范对两个水平方向和竖向分量采用与场地相关的加权平均反应谱。考虑到加权平均反应谱计算相当复杂，因此，本规范建议偏安全地采用包络反应谱计算，包络反应谱是各墩台水平方向或竖向反应谱曲线的上包络线。当采用功率谱法计算时，也可直接考虑多点非一致输入。

在特殊桥梁的地震反应中，高阶振型的影响比较显著。因此，采用反应谱法进行地震反应分析时，应充分考虑高阶振型的影响，即所计算的振型阶数应尽可能地多，要包括所有贡献较大的振型，各振型质量参与系数之和不能太低。

由于反应谱法仅能给出结构各振型反应的最大值，而丢失了与最大值有关且对振型组合又非常重要的信息，如最大值发生的时间及其正负号，使各振型最大值的组合陷入困境。对此，国内外许多专家学者进行了研究，并提出了种种振型组合方法。其中最简单而又最普遍采用的是SRSS法，该法对频率分离较好的平面结构具有很好的精度，但是对频率密集的空间结构，由于忽略了各振型间的耦合项，故时常过高或过低地估计结构的反应。1981年，E. L. Wilson等人把地面运动视为一宽带、高斯平稳过程，根据随机过程理论导出了线性多自由度体系的振型组合规则CQC法，较好地考虑了频率接近时的振型相关性，克服了SRSS法的不足。目前，CQC法以其严密的理论推导和较好的精度在桥梁结构的反应谱分析中得到越来越多的应用，而且已被世界各国的桥梁抗震设计规范所采用。因此，本规范建议采用较为成熟的CQC法进行振型组合。

9.3.6 时程分析应满足下列要求：

1 时程分析最终结果，当采用3组设计地震动时程计算时，应取3组计算结果的最大值；当采用7组设计地震动时程计算时，可取7组结果的平均值。

2 对每组地面运动时程进行抗震计算时，应同时输入该组两个或三个方向的地面运动时程分量。

条文说明

时程分析的结果依赖于地震动输入，如地震动输入选择不好，则可能导致结果偏小，欧洲规范和美国AASHTO规范均规定，在时程分析时，采用的地震动输入时程应和设计反应谱匹配。同时美国AASHTO规范规定，采用3组设计地震动时程参与计算时应取反应的最大值验算，采用7组设计地震动时程参与计算时可取反应的平均值验算。本规范给出了和美国AASHTO规范相同的规定。

9.3.7 一般情况下，阻尼比可按下列规定确定：
1　混凝土梁桥、拱桥的阻尼比不宜大于0.05。
2　斜拉桥的阻尼比不宜大于0.03。
3　悬索桥的阻尼比不宜大于0.02。

条文说明

研究表明，对特殊桥梁，结构形式对阻尼影响很大，本条是根据现有研究成果做出的规定。

9.4　性能要求与抗震验算

9.4.1　在E1地震作用下，结构应基本不发生损伤，保持在弹性范围内；在E2地震作用下，悬索桥主缆和吊杆、斜拉桥拉索、拱桥主拱圈和吊杆应基本不发生损伤，悬索桥和斜拉桥的主塔、梁桥的主墩以及桥梁基础和主梁等重要结构受力构件可发生局部轻微损伤，震后不需修复或经简单修复可继续使用。

9.4.2　在E2地震作用下，边墩等桥梁结构中比较容易修复的构件，可按延性构件设计，但宜尽量控制损伤程度，保证震后能够尽快修复。

条文说明

为了实现第9.4.1条和第9.4.2条规定的特殊桥梁抗震性能目标，可采用以下抗震验算方法：首先，将桥塔和桩截面划分为纤维单元（图9-1），采用实际的钢筋和混凝土应力-应变关系分别模拟钢筋和混凝土单元。其次，采用数值积分法进行截面弯矩-曲率分析（考虑相应的轴力），得到图9-2所示的截面弯矩-曲率曲线。图9-2中，M_{y0}为截面最外层钢筋首次屈服时对应的初始屈服弯矩；M_u为截面极限弯矩；M_y为截面等效抗弯屈服弯矩，即把实际弯矩-曲率曲线等效为图中所示弹塑性双线性恢复力模型时的等效抗弯屈服弯矩。

图 9-1 截面纤维单元划分

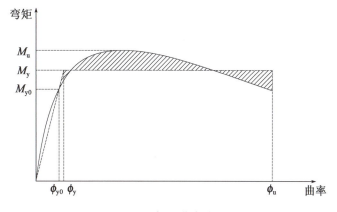

图 9-2 弯矩-曲率曲线

（1）在 E1 地震作用下，桥塔截面和桩基截面要求其在地震作用下的截面弯矩应小于截面初始屈服弯矩（考虑轴力）M_{y0}。由于 M_{y0} 为截面最外层钢筋首次屈服时对应的初始屈服弯矩，因此当地震反应弯矩小于初始屈服弯矩时，整个截面保持在弹性。研究表明，截面的裂缝宽度不会超过容许值，结构基本无损伤，满足结构在弹性范围工作的性能目标。

（2）在 E2 地震作用下，桥塔截面和桩基截面要求其在地震作用下的截面弯矩应小于截面等效抗弯屈服弯矩 M_y（考虑轴力）。M_y 是把实际弯矩-曲率曲线等效为图中所示理想弹塑性双线性模型时得到的等效抗弯屈服弯矩。从理想弹塑性双线性模型看，当地震反应小于等效抗弯屈服弯矩 M_y 时，结构整体反应还在弹性范围。实际上，在地震过程中，对应于等效抗弯屈服弯矩 M_y，截面上还是有部分钢筋进入了屈服，研究表明，截面的裂缝宽度可能会超过容许值，但混凝土保护层还是完好的（对应保护层损伤的弯矩为截面极限弯矩 M_u，$M_y < M_u$）。由于地震过程的持续时间比较短，地震后，在结构自重作用下，地震过程中局部开展的裂缝一般可以闭合，满足 E2 地震作用下可发生局部轻微损伤，但基本不影响车辆通行的性能目标要求。

（3）在 E2 地震作用下，边墩等桥梁结构中比较容易修复的构件和引桥桥墩，可按延性构件设计，满足不倒塌的性能目标要求。因为如果要求其抗震性能目标和主墩、主塔等保持一致，按只允许发生局部轻微损伤进行设计，有些情况下可能导致经济代价太大或施工难以实施。按延性构件设计时宜尽量控制损伤程度，以降低修复难度和修复时间。如设计上不存在困难，其抗震性能目标宜尽量和主墩、主塔等保持一致，即按只允许发生局部轻微损伤进行设计。

9.4.3 拱桥的拱上立柱、斜拉桥引桥桥墩和悬索桥引桥桥墩可按本规范第 7 章的有关规定进行抗震验算；桥梁支座等连接构件应按本规范第 7.5 节要求进行抗震验算，并按本规范第 8 章的要求进行抗震构造细节设计。

9.5 抗震措施

9.5.1 塔、梁相交位置处，宜在横桥向梁体两侧设置缓冲装置。

条文说明

　　地震时，为保护梁体与塔身不发生刚性碰撞，宜在塔梁之间设置专用缓冲装置（如橡胶垫），研究表明，设置弹性缓冲装置可有效降低结构地震响应。

9.5.2 设简支过渡孔的特殊桥梁，应加宽主桥与引桥连接处的过渡墩的盖梁宽度，并采取防落梁措施。

条文说明

　　由于特殊桥梁主桥与中小跨径引桥的动力特性差异，会使主、引桥的连接处产生较大的相对位移，从而导致落梁震害。在最近几次大地震中，就出现了几座大跨径桥梁过渡孔落梁的情况。为了防止因相对位移过大而导致落梁震害，应加宽该处盖梁的宽度，并采取适当的防落梁措施。

9.5.3 选用梁端伸缩缝时，应考虑地震作用下的梁端位移。

条文说明

　　特殊桥梁在地震作用下，梁端一般会产生较大的位移。因此选用梁端伸缩缝时，应考虑地震作用下的梁端位移。如果所选用的伸缩缝的伸缩量不够，在地震作用下，主桥和引桥的主梁会发生碰撞，危及桥梁安全。

10 桥梁减隔震设计

10.1 一般规定

10.1.1 满足下列条件之一的桥梁，可采用减隔震设计：
1 桥墩为刚性墩，桥梁的基本周期比较短。
2 桥墩高度相差较大时。
3 桥梁工程场地的预期地面运动特性比较明确，主要能量集中在高频段时。

10.1.2 存在下列情况之一时，不宜采用减隔震设计：
1 地震作用下，场地可能失效。
2 下部结构刚度小，桥梁的基本周期比较长。
3 位于软弱场地，延长周期也不能避开地震波能量集中频段。
4 支座中可能出现负反力。

条文说明

本章所指的减隔震设计，主要针对采用减隔震支座的桥梁。在桥梁抗震设计中，引入减隔震技术的目的就是利用减隔震装置在满足正常使用功能要求的前提下，延长结构自振周期和增大阻尼达到消耗地震能量和降低结构地震响应的目的。因此，对于桥梁的减隔震设计，最重要的因素就是设计合理、可靠的减隔震装置并使其在结构抗震中充分发挥作用，即桥梁结构的大部分耗能、塑性变形应集中于这些装置，允许这些装置在E2地震作用下发生较大的塑性变形和存在一定的残余位移，而结构其他构件的响应基本为弹性。

但是，减隔震技术的应用并不是在任何情况下均适用。对于基础土层不稳定、可能发生液化的场地，下部结构刚度小、桥梁结构本身的基本振动周期比较长，位于特征周期比较长的场地，延长周期也不能避开地震波能量集中频段以及支座中可能出现较大负反力等情况，不宜采用减隔震技术。

现有研究表明，在场地条件比较稳定的情况下，可使用减隔震技术，特别是在桥梁基本周期较短时采用减隔震支座，或者在各桥墩高度相差较大时在矮墩上采用减隔震支座，能够起到良好的减隔震作用。

10.1.3 采用减隔震设计的桥梁，可只进行 E2 地震作用下的抗震设计和验算。但宜同时对相应的非减隔震桥梁进行抗震分析，检验是否适合采用减隔震设计以及减隔震效果。

条文说明

本规范采用两水准设防、两阶段设计的抗震设计过程，但对于采用减隔震设计的桥梁，即使在 E2 地震作用下，桥梁的耗能部位也位于桥梁上、下部连接构件（支座、耗能装置），上部结构、桥墩和基础基本不受损伤，保持在弹性状态，因此没有必要再进行 E1 地震作用下的抗震计算。

是否适合采用减隔震设计以及减隔震效果，最直接的方法就是通过和非减隔震桥梁的对比分析来确定，因此，采用减隔震设计的桥梁，宜同时对非减隔震桥梁进行抗震分析。

10.1.4 减隔震设计的桥梁，减隔震装置应具有足够的初始刚度和屈服强度，满足正常使用条件的要求。相邻上部结构之间必须在桥台、桥墩等处设置足够的间隙，满足位移需求。

条文说明

桥梁减隔震设计是通过延长结构的基本周期，避开地震能量集中的周期范围（反应谱平台段及其附近），从而降低结构的地震力。但延长结构周期的同时，必然使得结构比较柔，从而可能导致结构在正常使用荷载作用下发生有害振动，因此要求减隔震结构应具有足够的初始刚度和屈服强度，保证在正常使用荷载下（如风、车辆制动力等）结构不发生有害屈服和振动。

同时，采用减隔震设计的桥梁通常上部结构的位移比不采用减隔震设计的桥梁大，为了确保减隔震桥梁在地震作用下的预期性能，在相邻上部结构之间应设置足够的间隙，且需要对伸缩缝装置、相邻梁间限位装置、防落梁装置等进行合理的设计，并对施工质量给予明确规定。

10.2 减隔震装置

10.2.1 减隔震装置的构造应简单，性能应可靠且对环境温度变化不敏感，应在其性能明确的范围内使用；减隔震装置应具有可更换性，并应进行定期维护和检查。

条文说明

从桥梁减隔震设计的原理可知，减隔震桥梁耗能的主要构件是减隔震装置，而且在地震中允许这些构件发生损伤。这就要求减隔震装置性能可靠，且震后可对这些构件进行维护。此外，为了确保减隔震装置在地震中能够发挥应有的作用，还应对其进行定期的检查和维护。

10.2.2 对抗震分析中需要用到的主要力学参数，应进行试验测试验证。主要力学参数的实测值和设计值的偏差应在设计值的±10%以内。

10.2.3 应根据相关的产品标准和检测规程，对减隔震装置的性能和特性进行严格的检测试验。

条文说明

由于减隔震装置是减隔震桥梁中的重要组成部分，它们要求具有设计要求的预期性能。因此，本规范要求在实际采用减隔震装置前，应对减隔震装置的性能和特性进行严格的检测试验。原则上要求由原形测试结果来确认减隔震系统在地震时的性能与设计相符。检测试验主要包括减隔震装置在动力荷载下和静力荷载下的特性试验，以及温度特性试验、磨损和疲劳试验等。不同类型的减隔震装置检测试验的项目和参数也可能不同，应依据相关的产品标准和检测规程进行试验和检测。

10.2.4 常用的减隔震装置分为整体型和分离型两类，两类减隔震装置水平位移从50%的设计位移增加到设计位移时，其恢复力增量不宜低于其承担的上部结构重量的2.5%。

条文说明

减隔震装置的设计位移是指其地震作用效应、永久作用效应和均匀温度作用效应组合后的水平位移，按式(7.5.1-2)计算。

地震作用下，为控制减震装置不发生过大的变形以及保证在震后能够自动复位，减隔震装置除要求提供阻尼外，同时要求减隔震装置具有一定的屈后刚度。本条规定参考美国相关研究成果和AASHTO桥梁减隔震设计规范（2010版）的相关规定制定，减隔震装置水平位移从50%的设计位移增加到设计位移时，其恢复力增量必须大于其承担的上部结构重量的1.25%，相关研究成果建议最好大于2.5%，因此，本规范规定不宜低于2.5%。

10.2.5 常用的整体型减隔震装置有：
1 铅芯橡胶支座。
2 高阻尼橡胶支座。
3 摩擦摆式减隔震支座。

10.2.6 常用的分离型减隔震装置有：
1 橡胶支座+金属阻尼器。
2 橡胶支座+摩擦阻尼器。

10.3 减隔震桥梁建模原则与分析方法

10.3.1 计算减隔震桥梁地震作用效应时，宜取全桥模型进行分析，并考虑伸缩装置、桩土相互作用等因素的影响。

条文说明

由于减隔震装置的非线性特性，减隔震桥梁宜采用非线性动力时程分析方法或多模态反应谱法进行抗震分析，因此需要建立三维全桥模型。

10.3.2 减隔震桥梁的计算模型除应满足本规范第6章的规定外，尚应正确反映减隔震装置的力学特性。当环境温度累年最冷月平均温度的平均值低于0℃时，还应根据低温对减隔震装置力学特性的影响，对减隔震桥梁进行低温条件下的抗震分析和验算。

条文说明

温度对某些减隔震装置的力学特性影响可能较大，如橡胶类减隔震支座剪切模量随温度下降而增大。在环境温度低于0℃的情况下，减隔震装置的力学特性和常温下相比存在明显差异，将导致抗震分析结果存在较大误差。因此，如果减隔震装置在低于0℃的环境下使用的概率较大时，除根据常温下的力学特性进行抗震分析和验算外，还应根据低温下的力学特性进行抗震分析和验算。温度对减隔震装置力学特性的影响，可根据相关产品标准确定或相关试验确定。

10.3.3 一般情况下，弹塑性和摩擦类减隔震支座的恢复力模型可采用双线性模型，并应符合下列规定：
1 铅芯橡胶支座、高阻尼橡胶支座的恢复力模型如图10.3.3-1所示，其等效刚度和等效阻尼比分别按式（10.3.3-1）、式（10.3.3-2）确定：

$$K_{\text{eff}} = \frac{F_d}{D_d} = \frac{Q_d}{D_d} + K_d \quad (10.3.3\text{-}1)$$

$$\xi_{\text{eff}} = \frac{2Q_d(D_d - \Delta_y)}{\pi D_d^2 K_{\text{eff}}} \quad (10.3.3\text{-}2)$$

式中：D_d——减隔震支座的水平设计位移（m）；
Δ_y——减隔震支座的屈服位移（m）；
Q_d——减隔震支座的特征强度（kN），即滞回曲线正向与剪力轴交叉值；

K_{eff}——减隔震支座的等效刚度（kN/m）；
K_d——减隔震支座的屈后刚度（kN/m）；
ξ_{eff}——减隔震支座的等效阻尼比。

2 摩擦摆式支座的恢复力模型如图 10.3.3-2 所示，其屈后刚度按式（10.3.3-3）确定，等效刚度按式（10.3.3-4）确定，等效阻尼比按式（10.3.3-5）确定：

$$K_d = \frac{W}{R} \tag{10.3.3-3}$$

$$K_{eff} = \frac{W}{R} + \mu_d \frac{W}{D_d} \tag{10.3.3-4}$$

$$\xi_{eff} = \frac{2\mu_d}{\pi(D_d/R + \mu_d)} \tag{10.3.3-5}$$

式中：W——恒载作用下支座竖向反力（kN）；
R——支座滑动曲面的曲率半径（m）；
D_d——支座设计水平位移（m）；
μ_d——支座滑动摩擦系数。

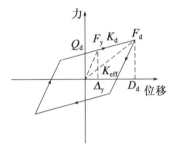
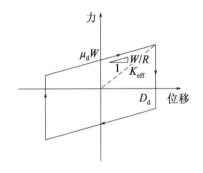

图 10.3.3-1 铅芯橡胶支座、高阻尼橡胶支座的恢复力模型　　图 10.3.3-2 摩擦摆式支座的恢复力模型

3 橡胶支座+金属阻尼器的恢复力模型可用图 10.3.3-1 的双线性模型表示，其初始刚度按式（10.3.3-6）确定，屈后刚度按式（10.3.3-7）确定，屈服强度 F_y 取金属阻尼器的屈服强度：

$$K_u = K_r + K_j \tag{10.3.3-6}$$
$$K_d = K_r \tag{10.3.3-7}$$

式中：K_r——橡胶支座的剪切刚度（kN/m）；
K_j——金属阻尼器的初始刚度（kN/m）。

4 橡胶支座+摩擦阻尼器的恢复力模型可用图 10.3.3-2 的双线性模型表示，其屈后刚度按式（10.3.3-8）确定，屈服强度 F_y 取摩擦阻尼器的临界摩擦力：

$$K_d = K_r \tag{10.3.3-8}$$

条文说明

一般情况下，减隔震装置的恢复力模型可以采用双线性模型代表，其主要设计参数有特征强度、屈服强度、屈服位移和屈后刚度，根据这些参数可以计算减隔震装置在地震作用下的位移，可以计算等效刚度和等效阻尼比。

10.3.4 减隔震桥梁抗震分析可采用反应谱法、时程法和功率谱法。当减隔震桥梁的基本周期（隔震周期）大于3s，或减隔震桥梁的等效阻尼比超过30%，或需考虑竖向地震作用时，必须采用非线性动力时程方法。

条文说明

　　反应谱法和功率谱法是线弹性分析方法，方法简洁，在一定条件下，对减隔震桥梁进行等效线性化处理，可采用反应谱法和功率谱法进行减隔震桥梁的抗震分析。研究表明，多振型反应谱法和功率谱法通过迭代计算可以得到较理想的计算结果。单振型反应谱法和功率谱法由于不能考虑二阶及以上振型的影响，误差比多振型反应谱法和功率谱法要大，但该方法简单易行，尤其在初步设计阶段，可帮助设计人员迅速把握结构的动力特性和响应值，因此，该方法仍是减隔震桥梁分析中十分重要的分析方法。

　　由于减隔震装置的非线性特性，在分析开始时，减隔震装置的位移响应是未知的，因而其等效刚度、等效阻尼比也是未知的，所以弹性反应谱法分析过程是一个迭代过程。正是由于减隔震装置的非线性特性以及减隔震桥梁地震响应对伸缩装置、挡块等防落梁装置的敏感性等因素，如果需要合理地考虑这些因素的影响时，宜采用非线性动力时程分析方法。当考虑竖向地震作用时，由于竖向地震作用与水平向地震作用可能存在非线性耦合效应，因此不能采用反应谱法，只能采用非线性时程方法进行抗震计算。当不考虑竖向地震作用时，一般来讲，可采用多振型反应谱法和功率谱法进行抗震分析。

10.3.5 当同时满足下列条件时，在初步设计阶段可采用单振型反应谱法或单振型功率谱法进行减隔震桥梁抗震分析，但除梁体位移响应和一阶周期外，其他响应量应考虑各桥墩二阶振型影响进行修正：
　　1　桥梁几何形状满足本规范第6.1.3条对规则桥梁的要求，且墩高不超过15m；
　　2　距离最近的活动断层大于15km；
　　3　可不考虑竖向地震作用的影响；
　　4　场地类型为Ⅰ、Ⅱ、Ⅲ类，且场地条件稳定；
　　5　减隔震桥梁的基本周期（隔震周期）不超过2.5s；
　　6　减隔震桥梁的等效阻尼比不超过30%。

条文说明

　　严格地讲，减隔震桥梁属于非规则桥梁，由于减隔震装置的非线性，一般宜采用非线性时程方法或多振型反应谱法进行抗震分析。由于单振型反应谱法和功率谱法没有考虑二阶及以上振型的影响，等效总质量和一阶振型周期计算也存在一定误差，研究表明，单振型反应谱法计算一阶振型周期和梁体位移误差很小，但计算墩底剪力和墩底弯矩等误差较大，且计算结果一般偏小，但该方法简单易行，可帮助设计人员迅速把握结构的动力特性和响应值，且可通过考虑各桥墩二阶振型的影响修正墩底剪力和墩底弯矩等响应量，提高计算精度。因此，本规范规定，对于几何形状比较规则的减隔震桥梁，满足一定条件时，在初步设计阶段，其地震反应计算模型可以简化为等效单自由度模型代表，可采用单振型反应谱法分析，并考虑各桥墩二阶振型影响进行修正。

10.3.6 采用单振型反应谱法进行抗震分析时，应采用迭代方法分别计算顺桥向和横桥向的地震响应，具体计算过程如下：

1 将全桥简化为等效单自由度系统模型，等效单自由度系统模型的质量 M_{sp} 可取上部结构梁体质量，刚度为各桥墩、桥台与其上减隔震支座等效弹簧串联后的组合刚度值之和，可按式（10.3.6-3）计算。

2 梁体顺桥向和横桥向的水平位移可按式（10.3.6-1）计算：

$$d = \frac{T_{eq}^2}{4\pi^2} S \qquad (10.3.6\text{-}1)$$

式中：d——梁体顺桥向或横桥向的水平位移（m）；

T_{eq}——减隔震桥梁顺桥向或横桥向的等效周期（s）；

S——相应于减隔震桥梁等效周期 T_{eq}（顺桥向或横桥向），采用全桥等效阻尼比修正后的设计加速度反应谱值（g）。

3 梁体水平位移为 d 时，减隔震桥梁的等效周期 T_{eq} 可按式（10.3.6-2）~式（10.3.6-6）计算；支座的水平位移 d_i 可按式（10.3.6-7）计算；墩顶的水平位移 $d_{p,i}$ 可按式（10.3.6-8）计算。

$$T_{eq} = 2\pi \sqrt{\frac{M_{sp}}{\sum_i K_{eq,i}}} \qquad (10.3.6\text{-}2)$$

$$\sum_i K_{eq,i} = \sum_i \frac{K_{eff,i} K_{p,i}}{K_{eff,i} + K_{p,i}} = \sum_i \frac{\alpha_i K_{p,i}}{1 + \alpha_i} \qquad (10.3.6\text{-}3)$$

$$K_{eq,i} = \frac{\alpha_i K_{p,i}}{1 + \alpha_i} \qquad (10.3.6\text{-}4)$$

$$K_{eff,i} = \frac{Q_{d,i}}{d_i} + K_{d,i} \qquad (10.3.6\text{-}5)$$

$$\alpha_i = \frac{K_{d,i} d + Q_{d,i}}{K_{p,i} d - Q_{d,i}} \qquad (10.3.6\text{-}6)$$

$$d_i = \frac{d}{1 + \alpha_i} \qquad (10.3.6\text{-}7)$$

$$d_{p,i} = d - d_i \qquad (10.3.6\text{-}8)$$

式中：M_{sp}——等效单自由度系统模型的质量（t），可取上部结构梁体质量；

$K_{eq,i}$——第 i 个桥墩、桥台与其上减隔震支座等效弹簧串联后的组合刚度值（kN/m）；

$K_{\mathrm{p},i}$ ——第 i 个桥墩、桥台的抗推刚度（kN/m）；

$K_{\mathrm{eff},i}$ ——第 i 个桥墩、桥台上的减隔震支座的等效刚度（kN/m）；

$Q_{\mathrm{d},i}$ ——第 i 个桥墩、桥台上的减隔震支座的特征强度（kN）；

$K_{\mathrm{d},i}$ ——第 i 个桥墩、桥台上的减隔震支座的屈后刚度（kN/m）；

α_i ——计算系数；

d_i ——第 i 个桥墩、桥台上的减隔震支座的水平位移（m）；

$d_{\mathrm{p},i}$ ——第 i 个桥墩、桥台的顶部水平位移（m）。

4 减隔震桥梁的全桥等效阻尼比，可按式（10.3.6-9）计算：

$$\xi_{\mathrm{eq}} = \frac{2\sum [Q_{\mathrm{d},i}(d_i - \Delta_{\mathrm{y},i})]}{\pi\sum [K_{\mathrm{eq},i}(d_i + d_{\mathrm{p},i})^2]} \qquad (10.3.6\text{-}9)$$

式中：$\Delta_{\mathrm{y},i}$ ——第 i 个桥墩、桥台上的减隔震支座的屈服位移（m）。

5 采用迭代方法，分别计算顺桥向和横桥向的地震位移响应。

6 一阶振型作用下，减隔震桥梁第 i 个墩台顶的水平地震力，可按式（10.3.6-10）计算：

$$E_{\mathrm{Id1},i} = K_{\mathrm{eff},i} d_i \qquad (10.3.6\text{-}10)$$

式中：$E_{\mathrm{Id1},i}$ ——一阶振型作用在第 i 个桥墩、桥台顶的水平地震力（kN）。

条文说明

由于减隔震装置屈服后的非线性特性，因此采用反应谱法进行抗震计算实际上是一种等效线性化计算方法，应采用等效刚度、等效阻尼比和用等效阻尼比修正后的反应谱进行计算。同时由于减隔震桥梁的等效阻尼比、等效周期与减隔震装置水平位移相关，而计算开始时水平位移是未知的，因此需要进行迭代计算。但桥梁顺桥向和横桥向的自振特性是不同的，因此顺桥向和横桥向抗震计算的迭代过程也是不同的，所以只能分别进行计算。单振型反应谱法顺桥向或横桥向的迭代计算过程如下：

（1）假定上部结构（梁体）位移初始值 d_0，一般来讲，可假定减隔震桥梁的等效周期 T_{eq} 的初始值等于1s，等效阻尼比 ξ_{eq} 的初始值为0.05，根据式（10.3.6-1）可计算得到梁体位移初始值 d_0；

（2）按式（10.3.6-3）计算全桥等效刚度；

（3）按式（10.3.6-2）计算全桥等效周期；

（4）按式（10.3.6-9）计算全桥等效阻尼比；

（5）根据等效阻尼比，修正反应谱，得到相应于等效阻尼比的设计加速度反应谱；

（6）按式（10.3.6-1）计算梁体位移 d；

（7）比较计算得到的梁体位移 d 和初始值 d_0，如两者相差大于3%，则重新假设梁体位移 $d_0 = d$，返回到第二步进行迭代计算，直至计算出的梁体位移 d 和假设的初始值 d_0 之间的误差在3%以内时，终止迭代。

10.3.7 各桥墩二阶振型对地震响应的影响，可近似按各桥墩及其上支座等效为单自由度系统模型、阻尼比取 0.05 进行计算，各支座等效刚度 $K_{\text{eff},i}$ 可取一阶振型迭代计算的结果，顺桥向和横桥向应分别进行计算，具体计算过程如下：

1　各桥墩墩顶（盖梁顶）位移和其上支座位移可按式（10.3.7-1）～式（10.3.7-6）计算：

$$T_i = 2\pi\sqrt{\frac{M_i}{K_i}} \tag{10.3.7-1}$$

$$K_i = K_{\text{p},i} + K_{\text{eff},i} \tag{10.3.7-2}$$

$$M_i = \eta_{\text{p},i}M_{\text{p},i} + M_{\text{cp},i} \tag{10.3.7-3}$$

$$\eta_{\text{p},i} = 0.16(1 + X_\text{f}^2 + 2X_{\text{f}\frac{1}{2}}^2 + X_\text{f}X_{\text{f}\frac{1}{2}}) \tag{10.3.7-4}$$

$$d_{\text{p},i} = \frac{T_i^2}{4\pi^2}S_i \tag{10.3.7-5}$$

$$d_i = d_{\text{p},i} \tag{10.3.7-6}$$

式中：　T_i——第 i 个桥墩等效单自由度系统模型的周期（s）；

　　　　K_i——第 i 个桥墩等效单自由度系统模型的刚度（kN/m）；

　　　　M_i——第 i 个桥墩等效单自由度系统模型的质量（t）；

$M_{\text{p},i}$，$M_{\text{cp},i}$——分别为第 i 个桥墩的墩身质量、盖梁质量（t）；

　　　　$\eta_{\text{p},i}$——第 i 个桥墩的墩身质量换算系数，对多柱墩横桥向，$\eta_{\text{p},i}$ 应取计算值的 1.2 倍；

X_f，$X_{\text{f}\frac{1}{2}}$——分别为考虑地基变形时，顺桥向或横桥向作用在墩顶（盖梁顶）的单位水平力在一般冲刷线或基础顶面引起的水平位移、墩身计算高度 $H/2$ 处引起的水平位移与墩顶（盖梁顶）位移之比；

　　　　S_i——对应等效周期 T_i，第 i 个桥墩等效单自由度系统的设计加速度反应谱值（g）。

2　二阶振型作用下，减隔震桥梁第 i 个桥墩顶的水平地震力，可按式（10.3.7-7）计算：

$$E_{\text{Id2},i} = S_iM_i \tag{10.3.7-7}$$

式中：$E_{\text{Id2},i}$——二阶振型作用在第 i 个桥墩顶的水平地震力（kN）。

10.3.8　第 i 个桥墩顶的总水平地震力，可采用 SRSS 组合方法按式（10.3.7-8）计算：

$$E_{\text{Id},i} = \sqrt{E_{\text{Id1},i}^2 + E_{\text{Id2},i}^2} \tag{10.3.7-8}$$

式中：$E_{\text{Id},i}$——第 i 个桥墩顶的总水平地震力（kN）。

10.3.9 根据各桥墩顶和桥台的总水平地震力，计算各桥墩、桥台和基础的地震作用内力效应。各桥墩墩顶的总位移及支座的总位移，可采用一阶振型作用效应和二阶振型作用效应按 SRSS 组合方法计算。

条文说明

本次修订，编写组对减隔震桥梁采用单振型反应谱法计算开展了研究，结果表明，对本规范限定条件下的减隔震桥梁，采用单振型反应谱法计算，与多振型反应谱法计算结果相比，梁体位移计算误差一般在10%以内，通常不考虑二阶振型的影响。但支座位移、墩顶位移、墩底剪力和墩底弯矩计算误差较大，要考虑二阶振型的影响进行修正，修正后的计算误差一般也能控制在20%以内。

10.3.10 采用多振型反应谱法进行抗震分析时，应采用迭代方法分别计算顺桥向和横桥向的地震响应，具体计算过程如下：

1 建立结构初始计算模型，初始计算模型各支座刚度可取屈服前初始刚度，全桥等效阻尼比 ξ_{eq} 可取 0.05。

2 按多振型反应谱法进行抗震计算，得到各支座位移，根据各支座位移，按式（10.3.6-5）计算各支座等效刚度，按式（10.3.6-9）计算等效单自由度系统的全桥等效阻尼比 ξ_{eq}。

3 根据各支座等效刚度修正计算模型，并按全桥等效阻尼比修正 0.8 倍一阶振型周期及以上周期的反应谱值，得到修正的设计加速度反应谱。

4 重新进行抗震计算，得到新的各支座位移。

5 比较新的各支座位移和上一次计算结果的差异，如两者相差大于3%，则用新的支座位移替代上一次的值，重新计算各支座等效刚度和全桥等效阻尼比，返回第3步并进行迭代计算，直至计算出的位移结果和上一次的计算值之间的误差在3%以内时，迭代结束。

条文说明

采用多振型反应谱法进行减隔震桥梁抗震分析时，全桥等效阻尼比 ξ_{eq} 指的是全桥等效单自由度系统的阻尼比，因此可按10.3.6条规定计算。采用全桥等效阻尼比修正设计加速度反应谱，实际上是修正计算方向对应一阶振型（隔震振型）的反应谱值，对应二阶及以上振型的阻尼比仍取0.05，反应谱不需修正，所以只修正0.8倍一阶振型周期及以上周期的反应谱值，如图10-1所示。

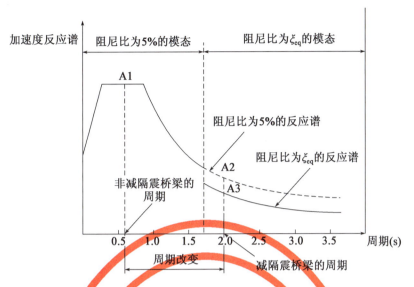

图 10-1 减隔震桥梁设计加速度反应谱修正示意图

10.4 性能要求与抗震验算

10.4.1 E2 地震作用下，桥墩、桥台、基础可发生局部轻微损伤，但仍处于弹性状态，震后不需修复或经简单修复可继续使用。

10.4.2 顺桥向和横桥向 E2 地震作用效应和永久作用效应组合后，应按现行公路桥涵设计规范相关规定验算桥墩、桥台、基础的强度，抗震验算可采用材料强度标准值。当环境温度累年最冷月平均温度的平均值低于 0℃时，应验算低温工况下桥梁的抗震性能。

条文说明

减隔震桥梁在 E2 地震作用下，桥墩、桥台和基础等构件的性能目标为可发生局部轻微损伤，但仍处于弹性状态，考虑到钢筋混凝土结构普遍存在超强现象，因此抗震验算时可采用材料强度标准值。

如在极端低温条件下采用减隔震装置，根据 10.3.2 条要求，除根据常温下的力学特性进行抗震分析和验算外，还需根据极端低温条件下的力学特性进行抗震分析和验算。

10.4.3 减隔震装置应进行下列验算：

1 应对减隔震装置在正常使用条件下的性能进行验算，在各种非地震水平力作用下，按设计规范进行组合，验算支座连接件的强度和支座位移，应满足正常使用要求。

2 按第 10.2.4 条要求，验算减隔震装置水平位移从 50% 的设计位移增加到设计位移时的恢复力增量。设计位移可按式（7.5.1-2）计算。

3 减隔震装置的竖向承载能力，在没有水平位移的情况下，应大于其承担的恒载作用效应和活载作用效应之和的 3 倍。橡胶型支座在设计位移下的竖向承载能力，应大于其承担的地震作用效应和 1.2 倍恒载作用效应之和。

4 在 E2 地震作用下，减隔震支座不应出现拉力。

5 对橡胶型减隔震支座，在 E2 地震作用下产生的剪切应变应小于 250%。并应根据 E2 地震作用下支座的位移，验算支座连接件强度、支座厚度以及顺桥向和横桥向允许支座变形的间隙。

6 非橡胶型减隔震装置，应根据具体的产品性能指标进行验算。

条文说明

减隔震装置是减隔震桥梁中的重要组成部分，需具有设计要求的性能。因此，需进行验算。一般来讲，减隔震桥梁在正常使用条件下的各种水平荷载（如风荷载、汽车制动荷载、温度荷载等）作用下，减隔震装置不应进入屈服（保持弹性状态）以避免产生过大位移，在地震时减隔震装置进入屈服从而耗散地震能量并降低地震内力响应，震后应有足够的恢复力确保梁体复位。同时，减隔震装置在顺桥向和横桥向要求具有足够的变形空间。

橡胶型减隔震支座在设计位移下的竖向承载能力，按产生设计位移的变形时支座橡胶层上下表面重叠部分的面积计算，如图 10-2 所示。

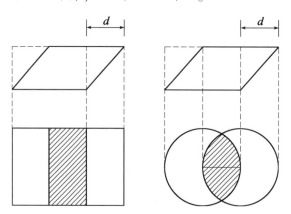

图 10-2 橡胶型减隔震支座变形后上下表面的重叠面积示意图

11 抗震措施

11.1 一般规定

11.1.1 各类桥梁抗震措施等级的选择,应按表 3.1.3-1 确定。

11.1.2 桥梁抗震措施的使用不宜导致桥梁主要构件的地震反应发生较大改变,否则,在进行抗震分析时,应考虑抗震措施的影响。抗震措施应根据其受到的地震作用进行设计。

条文说明

　　由于工程场地可能遭受地震的不确定性,以及人们对桥梁结构地震破坏机理的认识尚不完备,因此桥梁抗震实际上还不能完全依靠定量的计算方法。实际上,历次大地震的震害表明,一些从震害经验中总结出来或经过基本力学概念启示得到的一些构造措施被证明可以有效地减轻桥梁的震害。如主梁与主梁或主梁与墩之间适当的连接措施可以防止落梁。但这些构造措施不能影响桥梁的正常使用功能,不能妨碍减隔震、耗能装置发挥作用。

　　如构造措施的使用对桥梁地震响应定量计算结果影响较大,则可能导致计算结果失效,这种情况下,抗震分析时应考虑抗震措施的影响。

　　桥梁结构地震反应越强烈,就越容易发生落梁等严重破坏现象,构造措施就越重要,因此处于高烈度区的桥梁结构需特别重视构造措施的使用。

11.1.3 过渡墩及桥台处的支座垫石顺桥向宜与墩、台最外边缘平齐。

11.2 一级抗震措施

11.2.1 简支梁桥和连续梁桥上部结构梁端至墩、台帽或盖梁边缘应有一定的距离(图 11.2.1)。其最小值 a(cm)应按式(11.2.1)计算,且不应小于 60cm。

$$a \geqslant 50 + 0.1L + 0.8H + 0.5L_k \tag{11.2.1}$$

式中:L——一联上部结构总长度(m);

　　　H——支承一联上部结构桥墩的平均高度(m),桥台的高度取值为 0;

L_k——一联上部结构的最大单孔跨径（m）。

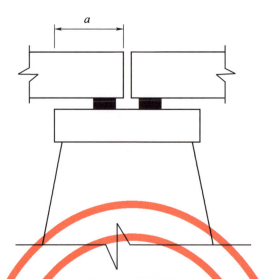

图 11.2.1 梁端至墩、台帽或盖梁边缘的最小距离 a

条文说明

$a \geq 70 + 0.5L$ 是 08 细则的取值，$a \geq 50 + L$ 是 89 规范的取值。以上两部标准搭接长度公式没有考虑桥梁墩高的影响因素，对于矮墩桥梁，得到的结果偏大，而对于高墩桥梁，结果可能偏小。本次修订，结合美国 ASSHTO 规范，综合考虑桥梁墩高和梁长等因素，给出梁式桥上部结构搭接长度计算公式。该计算公式适用于简支梁、连续梁等结构形式，扩大了适用范围。

11.2.2 当满足式（11.2.2-1）的条件时，斜桥梁（板）端至墩、台帽或盖梁边缘的最小距离 a（cm）（图11.2.2）应按式（11.2.2-2）和式（11.2.1）计算，取大值。当不满足式（11.2.2-1）的条件时，斜桥梁（板）端至墩、台帽或盖梁边缘的最小距离 a（cm）应按式（11.2.1）计算。对于连续斜梁桥，当梁端设置有横向限位装置和纵向防落梁装置时，可不受式（11.2.2-2）约束。

$$\frac{\sin 2\theta}{2} \geq \frac{b}{L_\theta} \tag{11.2.2-1}$$

$$a \geq 50 L_\theta [\sin\theta - \sin(\theta - a_E)] \tag{11.2.2-2}$$

式中：L_θ——一联上部结构总长度（m）；

b——上部结构总宽度（m）；

θ——斜交角（°）；

α_E——极限脱落转角（°），一般取 5°。

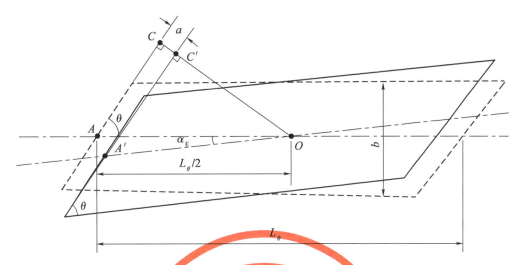

图 11.2.2 斜桥梁（板）端至墩、台帽或盖梁边缘的最小距离 a

条文说明

因结构上的特性，窄长的斜桥有可能发生由上部结构的转动引起的落梁，因此要考虑转动的影响来设置墩梁搭接长度。就斜桥来说，也包括简支梁桥、连续梁桥。在斜桥以重心为转动中心仅以临界脱落转动角转动时，考虑上部结构端部的中心点从梁搭接处脱落的情况来求解，可得式（11.2.2-2）。参照日本抗震规范，临界脱落转动角一般定为 5°。上部结构两端的支座线不平行，两端的斜角不同时，需假定围绕桥轴线中心点的转动，使用小的斜交角来求墩梁搭接长度。

11.2.3 当满足式（11.2.3-1）的条件时，曲线桥梁端至墩、台帽或盖梁边缘的最小距离 a（cm）（图 11.2.3）应按式（11.2.3-2）和式（11.2.1）计算，取大值。当不满足式（11.2.3-1）的条件时，曲线桥梁端至墩、台帽或盖梁边缘的最小距离 a（cm）应按式（11.2.1）计算。对于曲线桥梁，当梁端设置有横向限位装置和纵向防落梁装置时，可不受式（11.2.3-2）约束。

$$\frac{115}{\varphi} \cdot \frac{1-\cos\varphi}{1+\cos\varphi} \geqslant \frac{b}{L} \tag{11.2.3-1}$$

$$a \geqslant \delta_E \frac{\sin\varphi}{\cos(\varphi/2)} + 30 \tag{11.2.3-2}$$

$$\delta_E = 0.5\varphi + 70 \tag{11.2.3-3}$$

式中：δ_E——上部结构端部向外侧的移动量（cm）；

L——一联上部结构中心线弧线长度（m）；

φ——曲线梁的中心角（°）。

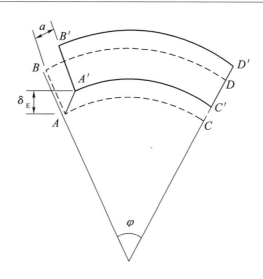

图 11.2.3 曲线桥梁端至墩、台帽或盖梁边缘的最小距离 a

条文说明

因结构上的特性，窄长的曲线桥可能发生由上部结构的转动和向曲线外侧方向的移动而引起的落梁，因此要考虑这些影响来设定墩梁搭接长度。本规范参照日本桥梁抗震规范给出了曲线桥的搭接长度计算公式，并与直线桥公式计算结果相比取大值。

11.3 二级抗震措施

11.3.1 二级抗震措施的桥梁，除应符合一级规定外，尚应符合本节的规定。

11.3.2 对于采用简支梁和桥面连续的桥梁，其墩高不宜超过40m。对墩高超过40m的桥梁，宜采用连续刚构或其他对抗震有利的结构形式。

条文说明

简支梁桥和桥面连续的桥梁，桥墩越高，在地震作用下落梁风险越大，因此本规范规定其墩高不宜超过40m。

11.3.3 拱桥基础宜置于地质条件一致、两岸地形相似的坚硬土层或岩石上。实腹式拱桥宜减小拱上填料厚度，并宜采用轻质填料，填料必须逐层夯实。

11.3.4 桥台胸墙应适当加强，并在梁与桥台胸墙之间加装橡胶垫或其他弹性衬垫，以缓和冲击作用和限制梁体位移。同时，加装的橡胶垫或其他弹性衬垫不应限制梁体在正常使用时的自由伸缩。其构造示意如图11.3.4所示。

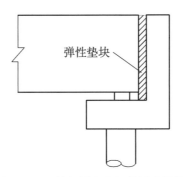

图 11.3.4　梁与桥台之间的缓冲设施

11.3.5　在软弱黏性土层、液化土层和不稳定的河岸处建桥时，对于大、中桥，可适当增加桥长，合理布置桥孔，使墩、台避开地震时可能发生滑动的岸坡或地形突变的不稳定地段。否则，应采取措施增强基础抗侧移的刚度和加大基础埋置深度；对于小桥，可在两桥台基础之间设置支撑梁或采用浆砌片（块）石满铺河床。

11.3.6　柱式排架墩宜设置桩顶系梁；未设置盖梁，且高度大于7m的排架桩墩应设置墩顶系梁。墩高在 10～20m 时，宜至少设置一道柱间系梁；墩高在 20～30m 时，宜设置两道柱间系梁；墩高在30m以上时，宜适当增加柱间系梁的设置数量。

条文说明

设置柱间系梁，可以有效降低桥梁在横桥向地震作用下的墩身弯矩，对结构抗弯是有利的，同时可以改善桩基受力，也是有利的。但设置柱间系梁会增大墩底剪力，对桥墩抗剪不利，此外，还会增大支座剪力，对支座的抗剪是不利的。因此，柱间系梁的设计要综合考虑其对结构的有利和不利影响，结合静力分析和抗震分析结果，通过调整设置数量、设置位置以及设置刚度，充分利用柱间系梁的有利影响，并对其不利影响控制在可接受的范围内。本条规定是根据编写组大量计算分析结果归纳总结制定的。

11.3.7　梁式桥应在横桥向和纵桥向设置防止上部结构落梁的挡块或抗震锚栓。

11.4　三级抗震措施

11.4.1　三级抗震措施的桥梁，除应符合二级规定外，尚应符合本节的规定。

11.4.2　拱桥的主拱圈宜采用抗扭刚度较大、整体性较好的断面形式，如箱形拱、板拱等。当采用钢筋混凝土肋拱时，必须加强横向联系。

11.4.3　应采用合理的限位装置，防止结构相邻构件产生过大的相对位移。

条文说明

使用横向和纵向限位装置可以实现桥梁结构的内力反应和位移反应之间的协调。一般来讲,限位装置的间隙小,内力反应增大,而位移反应减小;相反若限位装置的间隙大,则内力反应减小,但位移反应增大。横向和纵向限位装置的使用要使内力反应和位移反应二者之间达到某种平衡;另外,桥轴方向的限位装置移动能力要与支承部分的相适应。限位装置的设置不得有碍于防落梁构造功能的发挥。

限位装置通常使用与图11-1类似的结构。

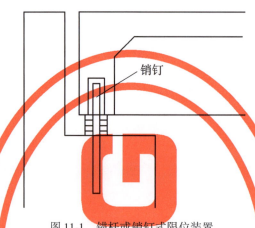

图11-1 锚杆或销钉式限位装置

11.4.4 连续梁桥宜采取使上部构造所产生的水平地震荷载能由各个墩、台共同承担的措施,以免固定支座墩受力过大。

11.4.5 连续曲梁的边墩和上部结构之间宜采用锚栓或其他可靠的方式连接,防止边墩与梁脱离。

11.4.6 石砌或混凝土墩(台)的墩(台)帽与墩(台)身连接处、墩(台)身与基础连接处、截面突变处、施工接缝处,均应采取提高抗剪能力的措施。

11.4.7 桥台宜采用整体性强的结构形式。

11.4.8 石砌或混凝土墩、台和拱圈的最低砂浆强度等级,应按现行《公路圬工桥涵设计规范》(JTG D61)的要求提高一级采用。

11.4.9 桥梁下部为钢筋混凝土结构时,其混凝土强度等级不应低于C30。

11.4.10 基础宜置于基岩或坚硬土层上。基础底面宜采用平面形式。当基础置于基岩上时,方可采用阶梯形式。

11.4.11 桥面不连续的简支梁（板）桥，宜采用挡块、螺栓连接和钢夹板连接等防止纵横向落梁的措施（图11.4.11）。连续梁和桥面连续简支梁（板）桥，应采取防止横向产生较大位移的措施。

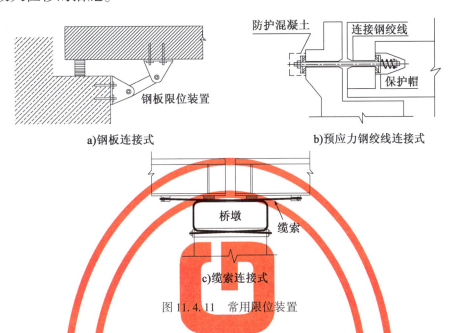

图 11.4.11 常用限位装置

11.5 四级抗震措施

11.5.1 四级抗震措施的桥梁，除应符合三级规定外，尚应符合本节的规定。

11.5.2 梁桥各片梁间必须加强横向连接，以提高上部结构的整体性。当采用桁架体系时，必须加强横向稳定性。

11.5.3 混凝土或钢筋混凝土无铰拱，宜在拱脚的上、下缘配置或增加适当的钢筋，并按锚固长度的要求伸入墩（台）拱座内。

11.5.4 拱桥墩、台上的拱座，混凝土强度等级不应低于C30，并应配置适量钢筋。

11.5.5 桥台台背和锥坡的填料不宜采用砂类土，填土应逐层夯实，并注意采取排水措施。

11.5.6 梁桥活动支座应采取限制其竖向位移的措施。

附录 A 圆形和矩形截面屈服曲率和极限曲率计算

A.0.1 圆形截面和矩形截面的截面屈服曲率可按式（A.0.1-1）、式（A.0.1-2）计算：

圆形截面：
$$\phi_y D = 2.213\varepsilon_y \quad (A.0.1\text{-}1)$$

矩形截面：
$$\phi_y H = 1.957\varepsilon_y \quad (A.0.1\text{-}2)$$

式中：ϕ_y——截面屈服曲率（1/m）；
　　　ε_y——相应于钢筋屈服时的应变；
　　　D——圆形截面的直径（m）；
　　　H——矩形截面计算方向的截面高度（m）。

A.0.2 截面极限曲率的计算应符合下列规定：

1 圆形截面的截面极限曲率 ϕ_u（1/m）可分别根据式（A.0.2-1）和式（A.0.2-2）计算，取小值。

$$\phi_u D = (2.826\times10^{-3}+6.850\varepsilon_{cu})-(8.575\times10^{-3}+18.638\varepsilon_{cu})\left(\frac{P}{f_{ck}A_g}\right) \quad (A.0.2\text{-}1)$$

$$\phi_u D = (1.635\times10^{-3}+1.179\varepsilon_s)+(28.739\varepsilon_s^2+0.656\varepsilon_s+0.010)\left(\frac{P}{f_{ck}A_g}\right) \quad (A.0.2\text{-}2)$$

式中：P——截面所受到的轴力（kN）；
　　　f_{ck}——混凝土抗压强度标准值（kN/m²）；
　　　A_g——混凝土截面面积（m²）；
　　　ε_s——钢筋极限拉应变，可取 $\varepsilon_s = 0.09$；
　　　ε_{cu}——约束混凝土的极限压应变：

$$\varepsilon_{cu} = 0.004+\frac{1.4\rho_s f_{kh}\varepsilon_{su}^R}{f_{cc}'} \quad (A.0.2\text{-}3)$$

　　　ρ_s——约束钢筋的体积含筋率，对于矩形箍筋：

$$\rho_s = \rho_x+\rho_y \quad (A.0.2\text{-}4)$$

　　　f_{kh}——箍筋抗拉强度标准值（kN/m²）；

f'_{cc}——约束混凝土的峰值应力（kN/m²），一般可取1.25倍的混凝土抗压强度标准值；

ε_{su}^{R}——约束钢筋的折减极限应变，可取$\varepsilon_{su}^{R}=0.09$。

2 矩形截面的截面极限曲率ϕ_u（1/m）可分别根据式（A.0.2-5）、式（A.0.2-6）计算，取小值。

$$\phi_u H = (4.999 \times 10^{-3} + 11.825\varepsilon_{cu}) - (7.004 \times 10^{-3} + 44.486\varepsilon_{cu})\left(\frac{P}{f_{ck}A_g}\right)$$

（A.0.2-5）

$$\phi_u H = (5.387 \times 10^{-4} + 1.097\varepsilon_s) + (37.722\varepsilon_s^2 + 0.039\varepsilon_s + 0.015)\left(\frac{P}{f_{ck}A_g}\right)$$

（A.0.2-6）

附录 B 功率谱法的实施原则

B.1 地面均匀运动时结构响应自功率谱的计算

B.1.1 在有效频率区间 $[\omega_L, \omega_U]$ 内，按等间隔 $\Delta\omega$ 选取 m 个频点。对每一个频点构造虚拟简谐地面加速度激励 $\ddot{x}_g(t) = \sqrt{S_a(\omega)} e^{i\omega t}$。若由此 $\ddot{x}_g(t)$ 引起的结构稳态简谐响应（位移、内力等，可按普通有限元方法计算）表示为 $y(\omega, t) = Y(\omega) e^{i\omega t}$，其中 $Y(\omega) = Y_r(\omega) + iY_i(\omega)$ 为一复数。则该响应 y 的自功率谱可按式（B.1.1）计算：

$$S_y(\omega) = |Y(\omega)|^2 = Y_r^2(\omega) + Y_i^2(\omega) \tag{B.1.1}$$

B.1.2 有效频率区间的下界 ω_L 和上界 ω_U 可按式（B.1.2）确定：

$$\omega_L \leq 0.7\omega_1, \omega_U \geq 1.2\omega_q \tag{B.1.2}$$

式中：ω_1——基本圆频率；

ω_q——第 q 阶（即最高阶）参振振型的自振圆频率，频点间隔一般可取为 $\Delta\omega = 0.05$（1/s）。

B.2 考虑行波效应时结构响应自功率谱的计算

B.2.1 根据沿桥向波速 v（可代表 v_p 或 v_s）构造全部 N 个桥墩所受的虚拟简谐地面加速度激励向量，见式（B.2.1-1）：

$$\{\ddot{x}_g\} = \{1, e^{-i\omega T_2}, \cdots, e^{-i\omega T_j}, \cdots, e^{-i\omega T_N}\}^T \sqrt{S_a(\omega)} e^{i\omega t} \tag{B.2.1-1}$$

式中：T_j——地震波的波前从第 1 号桥墩传到第 j 号桥墩的时间。若 X 为顺桥方向，记 X_j 为第 j 号桥墩的 X 坐标（顺桥向坐标），则按式（B.2.1-2）计算 T_j：

$$T_j = \frac{X_j - X_1}{v} \tag{B.2.1-2}$$

B.2.2 计算出在简谐激励式（B.2.1-1）作用下结构的任一稳态简谐响应 y，则其自功率谱仍可按式（B.1.1）计算。

B.3 结构响应需求的计算

B.3.1 按结构响应（可为位移、内力或其他与位移呈线性关系的量）y 的自功率谱 $S_y(\omega)$ 计算该响应的期望极值（需求）$\hat{y}$，可按下列步骤进行：

1 按式（B.3.1-1）计算 y 的第 i 阶谱矩（取 $i=0$，2 计算）：

$$\lambda_i = \int_0^\infty \omega^i S_y(\omega)\,\mathrm{d}\omega \approx \int_{\omega_L}^{\omega_U} \omega^i S_y(\omega)\,\mathrm{d}\omega \approx \sum_{l=1}^m \omega_l^i S_y(\omega_l)\Delta\omega \quad (\text{B.3.1-1})$$

式中：λ_2——y 的二阶谱矩；

λ_0——y 的零阶谱矩（方差），$\lambda_0 = \sigma_y^2$；

σ_y——y 的标准差。

2 本节假定地震激励是零均值平稳正态随机过程，而结构的任意线性响应 $y(t)$ 也有同样的概率特征，记 y_e 为其极值。定义无量纲参数，见式（B.3.1-2）：

$$\eta = \frac{y_e}{\sigma_y},\ \nu = \frac{\sqrt{\lambda_2/\lambda_0}}{2\pi} \quad (\text{B.3.1-2})$$

η 的期望值近似为[式（B.3.1-3）]：

$$E(\eta) \approx (2\ln\nu T_d)^{1/2} + \gamma(2\ln\nu T_d)^{1/2} \quad (\text{B.3.1-3})$$

y_e 的期望值近似为[式（B.3.1-4）]：

$$\hat{y} = E(y_e) = E(\eta)\sigma_y \quad (\text{B.3.1-4})$$

式中：γ——欧拉常数，$\gamma = 0.5772$；

T_d——地震持续时间（s），可取 20~30s；

$\hat{y}$——期望极值（需求），是与反应谱方法中所计算的需求相当的量。

附录 C 黏性填土的地震土压力计算公式

C.0.1 地震主动土压力按式（C.0.1-1）计算。地震土压力计算示意如图 C.0.1 所示。

$$E_{ea} = \left(\frac{1}{2}\gamma H^2 + qH\frac{\cos\alpha}{\cos(\alpha-\beta)}\right)K_a - 2cHK_{ca} \tag{C.0.1-1}$$

式中：γ——黏性填土重度（kN/m³）；

H——桥台高（m）；

q——滑裂楔体上的均布荷载（kN/m）；

α——桥台背面与竖直方向之间的夹角（°）；

β——填土表面与水平面的夹角（°）；

c——黏性填土的黏聚力系数；

K_a——地震主动土压力系数，按式（C.0.1-2）计算：

$$K_a = \frac{\cos^2(\varphi-\alpha-\theta)}{\cos\theta\cos^2\alpha\cos(\alpha+\delta+\theta)\left[1+\sqrt{\frac{\sin(\varphi+\delta)\sin(\varphi-\beta-\theta)}{\cos(\alpha-\beta)\cos(\alpha+\delta+\theta)}}\right]^2} \tag{C.0.1-2}$$

φ——填土的内摩擦角（°）；

δ——填土与桥台台背面的摩擦角（°）；

θ——地震角，按表 C.0.1 取值：

表 C.0.1 地 震 角 取 值 表

抗震设防烈度		Ⅶ度	Ⅷ度	Ⅸ度
地震角 θ（°）	水上	1.5	3.0	6.0
	水下	2.5	5.0	10.0

K_{ca}——系数，按式（C.0.1-3）计算：

$$K_{ca} = \frac{1-\sin\varphi}{\cos\varphi} \tag{C.0.1-3}$$

C.0.2 地震被动土压力按式（C.0.2-1）计算：

$$E_{ep} = \left[\frac{1}{2}\gamma H^2 + qH\frac{\cos\alpha}{\cos(\alpha-\beta)}\right]K_{psp} + 2cHK_{cp} \tag{C.0.2-1}$$

式中：K_{psp}——地震被动土压力系数，由式（C.0.2-2）计算：

$$K_{\mathrm{psp}} = \cfrac{\cos^2(\varphi + \alpha - \theta)}{\cos\theta\cos^2\alpha\cos(\delta - \alpha + \theta)\left[1 - \sqrt{\cfrac{\sin(\varphi + \delta)\sin(\varphi + \beta - \theta)}{\cos(\alpha - \beta)\cos(\delta - \alpha + \theta)}}\right]^2} \quad (C.0.2\text{-}2)$$

K_{cp}——系数，由式（C.0.2-3）计算：

$$K_{\mathrm{cp}} = \frac{\sin(\varphi - \theta) + \cos\theta}{\cos\theta\cos\varphi} \quad (C.0.2\text{-}3)$$

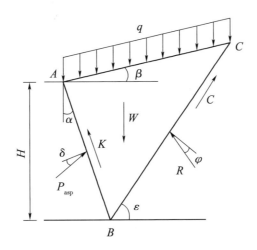

图 C.0.1　地震土压力计算示意图

C.0.3 地震土压力作用的位置：$q = 0$ 时，地震土压力作用位置可取在距桥台底 $H/3$ 处；$q \neq 0$ 时，H 要再加上 q 折算的填土高度。

附录 D 桥梁墩柱位移延性系数计算方法

D.0.1 对采用等效线弹性简化方法（SM 或 MM）进行 E2 地震作用下抗震分析的桥梁，其双柱墩或多柱墩横桥向的位移延性系数 μ_Δ 可按式（D.0.1-1）~式（D.0.1-6）计算确定，该过程利用了下列假定：
1. 塑性转动 θ_p 集中在塑性铰的中心位置。
2. 弹性曲率沿墩柱轴向为线性分布。
3. 塑性曲率在等效塑性铰长度 L_p 范围内为常数。

$$\theta_{pd} = \phi_{pd} \cdot L_p \quad (D.0.1\text{-}1)$$

$$\phi_{pd} = (\phi_{col} - \phi_y) \quad (D.0.1\text{-}2)$$

$$\Delta_y = \frac{H^2}{3}\phi_y \quad (D.0.1\text{-}3)$$

$$\Delta_{pd} = \theta_{pd}\left(H - \frac{L_p}{2}\right) \quad (D.0.1\text{-}4)$$

$$\Delta_d = \Delta_y + \Delta_{pd} \quad (D.0.1\text{-}5)$$

$$\mu_\Delta = \frac{\Delta_d}{\Delta_y} \quad (D.0.1\text{-}6)$$

$$\mu_\Delta = 1 + 3\left(\frac{\phi_{col}}{\phi_{yt}} - 1\right)\frac{L_p}{H}\left(1 - 0.5\frac{L_p}{H}\right) \quad (D.0.1\text{-}7)$$

式中：ϕ_{col}——对应墩柱最大位移需求的墩柱曲率（可以结构最大位移需求 Δ_D 为目标位移进行推倒分析求得，如图 D.0.1 所示）；

ϕ_y——墩柱塑性铰区截面等效屈服曲率，可按本规范第 7.4.7 条计算；

ϕ_{pd}——墩柱塑性曲率需求；

L_p——墩柱等效塑性铰长度，可按本规范第 7.4.4 条计算；

H——墩柱塑性铰截面到反弯点的距离；

μ_Δ——墩柱位移延性系数；

Δ_d——墩柱构件最大位移需求，为墩柱反弯点到塑性铰截面的最大相对水平位移；

Δ_y——墩柱构件反弯点相对墩柱塑性铰截面的水平屈服位移；

Δ_{pd}——墩柱构件塑性位移需求,为墩柱构件反弯点相对墩柱塑性铰截面的最大水平塑性位移。

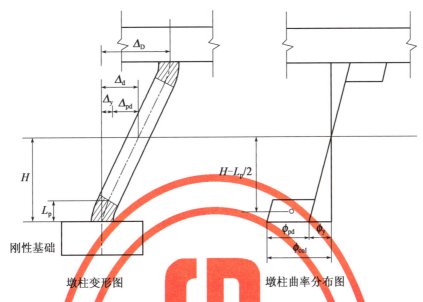

墩柱变形图　　　　　　　　墩柱曲率分布图

图 D.0.1　墩柱变形及曲率分布图

D.0.2　对采用弹塑性动力模型和非线性时程方法进行 E2 地震作用下抗震分析的桥梁,其双柱墩或多柱墩构件横桥向的位移延性系数可根据非线性时程分析结果由式(D.0.1-6)直接求出。

D.0.3　双柱墩或多柱墩顺桥向、单柱墩顺桥向和横桥向的位移延性系数可直接由墩顶最大位移需求按式(D.0.1-6)求出。

D.0.4　在计算墩柱屈服位移及塑性位移需求时,应排除基础柔性及盖梁或上部结构弹性产生的影响,即应减去构件的刚体平移和刚体转动产生的位移。当整体位移主要是由墩柱变形贡献时,可用整体位移延性系数代替构件局部位移延性系数,但当整体位移延性系数计算值小于 3.0 时,构件局部位移延性系数应取 3.0。

D.0.5　墩顶和墩底都产生塑性铰的墩柱将有两个位移延性需求,此时应以较大者控制。

本规范用词用语说明

1 本规范执行严格程度的用词，采用下列写法：

1）表示很严格，非这样做不可的用词，正面词采用"必须"，反面词采用"严禁"；

2）表示严格，在正常情况下均应这样做的用词，正面词采用"应"，反面词采用"不应"或"不得"；

3）表示允许稍有选择，在条件许可时首先应这样做的用词，正面词采用"宜"，反面词采用"不宜"；

4）表示有选择，在一定条件下可以这样做的用词，采用"可"。

2 引用标准的用语采用下列写法：

1）在标准总则中表述与相关标准的关系时，采用"除应符合本规范的规定外，尚应符合国家和行业现行有关标准的规定"。

2）在标准条文及其他规定中，当引用的标准为国家标准和行业标准时，表述为"应符合《××××××》（×××）的有关规定"。

3）当引用本标准中的其他规定时，表述为"应符合本规范第×章的有关规定"、"应符合本规范第×.×节的有关规定"、"应符合本规范第×.×.×条的有关规定"或"应按本规范第×.×.×条的有关规定执行"。

现行公路工程行业标准一览表

(2022 年 9 月)

序号	板块	模块	现行编号	名称	定价(元)
1	总体		JTG 1001—2017	公路工程标准体系(14300)	20.00
2			JTG 1002—2022	公路工程行业标准制修订管理导则(18218)	40.00
3			JTG A04—2013	公路工程标准编写导则(10538)	20.00
4	通用	基础	JTG B01—2014	公路工程技术标准(活页夹版,11814)	98.00
				公路工程技术标准(平装版,11829)	68.00
5			JTG 2111—2019	小交通量农村公路工程技术标准(15327)	50.00
6			JTG 2112—2021	城镇化地区公路工程技术标准(17752)	50.00
7			JTJ 002—87	公路工程名词术语(0346)	22.00
8			JTJ 003—86	公路自然区划标准(0348)	16.00
9			JTG 2120—2020	公路工程结构可靠性设计统一标准(16532)	50.00
10			建标〔2011〕124 号	公路工程项目建设用地指标(09402)	36.00
11			JTG F80/1—2017	公路工程质量检验评定标准 第一册 土建工程(14472)	90.00
12			JTG 2182—2020	公路工程质量检验评定标准 第二册 机电工程(16987)	60.00
13		安全	JTG B05—2015	公路项目安全性评价规范(12806)	45.00
14			JTG B05-01—2013	公路护栏安全性能评价标准(10992)	30.00
15			JTG B02—2013	公路工程抗震规范(11120)	45.00
16			JTG/T 2231-01—2020	公路桥梁抗震设计规范(16483)	80.00
17			JTG/T 2231-02—2021	公路桥梁抗震性能评价细则(16433)	40.00
18			JTG 2232—2019	公路隧道抗震设计规范(16131)	60.00
19			JTG F90—2015	公路工程施工安全技术规范(12138)	68.00
20		绿色	JTG B03—2006	公路建设项目环境影响评价规范(13373)	40.00
21			JTG B04—2010	公路环境保护设计规范(08473)	28.00
22			JTG/T 2321—2021	公路工程利用建筑垃圾技术规范(17536)	40.00
23			JTG/T 2340—2020	公路工程节能规范(16115)	30.00
24		智慧	JTG/T 2420—2021	公路工程信息模型应用统一标准(17181)	50.00
25			JTG/T 2421—2021	公路工程设计信息模型应用标准(17179)	80.00
26			JTG/T 2422—2021	公路工程施工信息模型应用标准(17180)	70.00
27	建设	勘测	JTG C10—2007	公路勘测规范(06570)	40.00
28			JTG/T C10—2007	公路勘测细则(06572)	42.00
29			JTG C20—2011	公路工程地质勘察规范(09507)	65.00
30			JTG/T C21-01—2005	公路工程地质遥感勘察规范(0839)	17.00
31			JTG/T C21-02—2014	公路工程卫星图像测绘技术规程(11540)	25.00
32			JTG/T 3221-04—2022	公路跨海通道工程地质勘察规程(18076)	70.00
33			JTG/T 3222—2020	公路工程物探规程(16831)	60.00
34			JTG 3223—2021	公路工程地质原位测试规程(17325)	100.00
35		设计	JTG C30—2015	公路工程水文勘测设计规范(12063)	70.00
36			JTG/T 3310—2019	公路工程混凝土结构耐久性设计规范(15635)	50.00
37			JTG/T 3311—2021	小交通量农村公路工程设计规范(17487)	60.00
38			JTG D20—2017	公路路线设计规范(14301)	80.00
39			JTG/T D21—2014	公路立体交叉设计细则(11761)	60.00
40			JTG D30—2015	公路路基设计规范(12147)	98.00
41			JTG/T D31—2008	沙漠地区公路设计与施工指南(1206)	32.00
42			JTG/T D31-02—2013	公路软土地基路堤设计与施工技术细则(10449)	40.00
43			JTG/T D31-03—2011	采空区公路设计与施工技术细则(09181)	40.00
44			JTG/T A D31-04—2012	多年冻土地区公路设计与施工技术细则(10260)	40.00
45			JTG/T D31-05—2017	黄土地区公路路基设计与施工技术规范(13994)	50.00
46			JTG/T D31-06—2017	季节性冻土地区公路设计与施工技术规范(13981)	45.00
47			JTG/T D32—2012	公路土工合成材料应用技术规范(09908)	50.00
48			JTG/T D33—2012	公路排水设计规范(10337)	40.00
49			JTG/T 3334—2018	公路滑坡防治设计规范(15178)	55.00
50			JTG D40—2011	公路水泥混凝土路面设计规范(09463)	40.00
51			JTG D50—2017	公路沥青路面设计规范(13760)	50.00
52			JTG/T 3350-03—2020	排水沥青路面设计与施工技术规范(16651)	50.00
53			JTG D60—2015	公路桥涵设计通用规范(12506)	40.00
54			JTG/T 3360-01—2018	公路桥梁抗风设计规范(15231)	75.00
55			JTG/T 3360-02—2020	公路桥梁抗撞设计规范(16435)	40.00
56			JTG/T 3360-03—2018	公路桥梁景观设计规范(14540)	40.00
57			JTG D61—2005	公路圬工桥涵设计规范(13355)	30.00
58			JTG 3362—2018	公路钢筋混凝土及预应力混凝土桥涵设计规范(14951)	90.00
59			JTG 3363—2019	公路桥涵地基与基础设计规范(16223)	90.00
60			JTG D64—2015	公路钢结构桥梁设计规范(12507)	80.00
61			JTG/T D64-01—2015	公路钢混组合桥梁设计与施工规范(12682)	45.00
62			JTG/T 3364-02—2019	公路钢桥面铺装设计与施工技术规范(15637)	50.00
63			JTG/T 3365-01—2020	公路斜拉桥设计规范(16365)	50.00
64			JTG/T 3365-02—2020	公路涵洞设计规范(16583)	50.00
65			JTG/T D65-05—2015	公路悬索桥设计规范(12674)	55.00
66			JTG/T D65-06—2015	公路钢管混凝土拱桥设计规范(12514)	40.00
67			JTG/T 3365-05—2022	公路装配式混凝土桥梁设计规范(17885)	60.00
68			JTG 3370.1—2018	公路隧道设计规范 第一册 土建工程(14639)	110.00
69			JTG D70/2—2014	公路隧道设计规范 第二册 交通工程与附属设施(11543)	50.00

序号	板块	模块	现行编号	名　　称	定价(元)
70	建设	设计	JTG/T D70—2010	公路隧道设计细则(08478)	66.00
71			JTG/T D70/2-01—2014	公路隧道照明设计细则(11541)	35.00
72			JTG/T D70/2-02—2014	公路隧道通风设计细则(11546)	70.00
73			JTG/T 3371—2022	公路水下隧道设计规范(17889)	120.00
74			JTG/T 3371-01—2022	公路沉管隧道设计规范(18063)	70.00
75			JTG/T 3374—2020	公路瓦斯隧道设计与施工技术规范(16141)	60.00
76			JTG D80—2006	高速公路交通工程及沿线设施设计通用规范(0998)	25.00
77			JTG D81—2017	公路交通安全设施设计规范(14395)	60.00
78			JTG D81—2017	公路交通安全设施设计细则(14396)	90.00
79			JTG/T 3381-02—2020	公路限速标志设计规范(16696)	40.00
80			JTG D82—2009	公路交通标志和标线设置规范(07947)	116.00
81			JTG/T 3383-01—2020	公路通信及电力管道设计规范(16686)	40.00
82			JTG/T L11—2014	高速公路改扩建设计细则(11998)	45.00
83			JTG/T L80—2014	高速公路改扩建交通工程与沿线设施设计细则(11999)	30.00
84			JTG/T 3392—2022	高速公路改扩建交通组织设计规范(17883)	50.00
85		通用图	JTG/T 3911—2021	装配化工字组合梁钢桥通用图(17771)	3000.00
86		试验	JTG E20—2011	公路工程沥青及沥青混合料试验规程(09468)	106.00
87			JTG 3420—2020	公路工程水泥及水泥混凝土试验规程(16989)	100.00
88			JTG 3430—2020	公路土工试验规程(16828)	120.00
89			JTG E41—2005	公路工程岩石试验规程(13351)	30.00
90			JTG E42—2005	公路工程集料试验规程(13353)	50.00
91			JTG E50—2006	公路工程土工合成材料试验规程(13398)	40.00
92			JTG E51—2009	公路工程无机结合料稳定材料试验规程(08046)	60.00
93			JTG 3450—2019	公路路基路面现场测试规程(15830)	90.00
94		检测	JTG/T 3512—2020	公路工程基桩检测技术规程(16482)	60.00
95			JTG/T 3520—2021	公路机电工程测试规程(17414)	60.00
96		施工	JTG/T 3610—2019	公路路基施工技术规范(15769)	80.00
97			JTG/T F20—2015	公路路面基层施工技术细则(12367)	45.00
98			JTG/T F30—2014	公路水泥混凝土路面施工技术细则(11244)	60.00
99			JTG F40—2004	公路沥青路面施工技术规范(05328)	50.00
100			JTG/T 3650—2020	公路桥涵施工技术规范(16434)	125.00
101			JTG/T 3650-02—2019	特大跨径公路桥梁施工测量规范(15634)	80.00
102			JTG/T 3651—2022	公路钢结构桥梁制造和安装施工规范(17884)	80.00
103			JTG/T 3652—2022	跨海钢箱梁桥大节段施工技术规程(18075)	30.00
104			JTG/T 3654—2022	公路装配式混凝土桥梁施工技术规范(18231)	60.00
105			JTG/T 3660—2020	公路隧道施工技术规范(16488)	100.00
106			JTG/T 3671—2021	公路交通安全设施施工技术规范(17000)	50.00
107			JTG/T F72—2011	公路隧道交通工程与附属设施施工技术规范(09509)	35.00
108		监理	JTG G10—2016	公路工程施工监理规范(13275)	40.00
109		造价	JTG 3810—2017	公路工程建设项目造价文件管理导则(14473)	50.00
110			JTG 3811—2020	公路工程施工定额测定与编制规程(16083)	60.00
111			JTG 3812—2020	公路工程建设项目造价数据标准(16836)	100.00
112			JTG 3820—2018	公路工程建设项目投资估算编制办法(14362)	60.00
113			JTG/T 3821—2018	公路工程估算指标(14363)	120.00
114			JTG 3830—2018	公路工程建设项目概算预算编制办法(14364)	60.00
115			JTG/T 3831—2018	公路工程概算定额(14365)	270.00
116			JTG/T 3832—2018	公路工程预算定额(14366)	300.00
117			JTG/T 3832-01—2022	公路桥梁钢结构工程预算定额(18182)	40.00
118			JTG/T 3833—2018	公路工程机械台班费用定额(14367)	50.00
119	养护	综合	JTG H10—2009	公路养护技术规范(08071)	60.00
120			JTG 5120—2021	公路桥涵养护规范(17160)	60.00
121			JTG/T 5122—2021	公路缆索结构体系桥梁养护技术规范(17764)	60.00
122			JTG/T 5124—2022	公路跨海桥梁养护技术规范(18092)	50.00
123			JTG H12—2015	公路隧道养护技术规范(12062)	60.00
124			JTJ 073.1—2001	公路水泥混凝土路面养护技术规范(13658)	20.00
125			JTG 5142—2019	公路沥青路面养护技术规范(15612)	60.00
126			JTG/T 5142-01—2021	公路沥青路面预防养护技术规范(17578)	50.00
127			JTG/T 5150—2020	公路路基养护技术规范(16596)	40.00
128			JTG/T 5190—2019	农村公路养护技术规范(15430)	30.00
129		检测评价	JTG 5210—2018	公路技术状况评定标准(15202)	40.00
130			JTG/T E61—2014	公路路面技术状况自动化检测规程(11830)	25.00
131			JTG/T H21—2011	公路桥梁技术状况评定标准(09324)	46.00
132			JTG/T J21—2011	公路桥梁承载能力检测评定规程(09480)	20.00
133			JTG/T J21-01—2015	公路桥梁荷载试验规程(12751)	40.00
134			JTG/T 5214—2022	在用公路桥梁现场检测技术规程(18168)	50.00
135			JTG 5220—2020	公路养护工程质量检验评定标准　第一册　土建工程(16795)	80.00
136		养护设计	JTG 5421—2018	公路沥青路面养护设计规范(15201)	40.00
137			JTG/T J22—2008	公路桥梁加固设计规范(07380)	52.00
138			JTG/T 5440—2018	公路隧道加固技术规范(15402)	70.00
139		养护施工	JTG/T F31—2014	公路水泥混凝土路面再生利用技术细则(11360)	30.00
140			JTG/T 5521—2019	公路沥青路面再生技术规范(15839)	40.00
141			JTG/T J23—2008	公路桥梁加固施工技术规范(07378)	40.00
142			JTG H30—2015	公路养护安全作业规程(12234)	90.00
143		造价	JTG 5610—2020	公路养护预算编制导则(16733)	50.00
144			JTG/T M72-01—2017	公路隧道养护工程预算定额(14189)	60.00
145			JTG/T 5612—2020	公路桥梁养护工程预算定额(16855)	50.00
146			JTG/T 5640—2020	农村公路养护预算编制办法(16302)	70.00
147	运营	收费服务	JTG 6310—2022	收费公路联网收费技术标准	110.00
148			JTG/T 6303.1—2017	收费公路移动支付技术规范　第一册　停车移动支付(14380)	20.00
149			JTG B10-01—2014	公路电子不停车收费联网运营和服务规范(11566)	30.00

注：JTG——公路工程行业标准；JTG/T——公路工程行业推荐性标准。销售电话：010-85285659；业务咨询电话：010-85285922/30。